不死鳥のまち 京都

―文化遺産と災害―

土岐憲三

アドスリー

まえがき

本書の基本テーマは「文化遺産」と「防災」であり、そこに共通して流れる通奏低音が時の流れとしての「歴史」である。

通奏低音としての「時の流れ・歴史」と「文化遺産」とはどう関わるのか。文化遺産とは先人が営々として紡いできた「文化」が姿あるものとして現代に遺ったものである。たとえば、東本願寺の前から北に向かって、目にする景色を写真に撮れば、それは京都の歴史を瞬間凍結したものである。同じ場所からの昨年撮られた写真、十年前の写真、五十年前の写真、そして五百年前の写真があれば、それらを重ねてペラペラとめくることで、その場所の「時の流れ」を見る事ができる。

文化遺産における歴史や時の流れもこれと同様であって、対象とする文化遺産の歴史、時の流れを知ることができれば、より深く本質を理解できるのである。文化遺産、特に京都の文化遺産は千二百年以上にわたる時間の積み重ねの結果である。京都の文化遺産の重層構造を理解しなければ、本当の京都を見たことにはならない。それがなければ、現在の写真を見ているのと同じである。換言すれば文化遺産と接する時には、その過去に想いを馳せることが肝要である。

防災の問題に関しては、歴史ではなく将来に想いを巡らせなければならない。京都での内乱にしても大火災にしても、起きたことを振り返ることは、今とは社会や環境が違うのであるから意味がない。あるとすれば、将来において考えるべき視点についての教訓を引き出すことである。教訓を活かす途を考えながら、当該文化遺産の将来に想いを致すことが、毀損することなく将来に継承するには必須なのである。

本書の基本テーマは上述のように、「文化遺産」と「防災」である。しかしながら、この両者が同時に語られることは稀であり、文化財防災、文化遺産防災などという言葉は最近になってようやく使われ始めたに過ぎない。

防災問題を世界が共通の場で考えるようになった契機は、一九八四年に米国科学アカデミーのフランク・プレス会長が提唱した国際防災の十年（ＩＤＮＤＲ）である。これは一九九〇年から十年間をかけて世界中の生命・財産を自然現象による災害から守ろうという国際的な運動であって、国連の重要テーマにもなった。こうした、世界中の防災関係者が集まる場で、加害要因としての地震や風水害をはじめ、干ばつや山火事、イナゴ・バッタなどによる災害までの広い分野が議論の対象となった。

一方、被災要因としては人命のみならず農産物や人家、ライフラインなどが対象になったが、文化遺産については議論されることはなく、話題にすらならなかった。世界中の防災に関わる研究者や防災事業の推進者にも、文化遺産を災害から守るという意識はなかった。筆者もＩＤＮＤＲには深く関わっていたが、文化遺産の検討がないことに、格別の不審感も持っていなかった。これが三十年前の現実であった。

筆者は地震防災、特に構造物の耐震を専門として研究に携わってきていたが、一九九五年の兵庫県南部地震において二百五十余の地点から火災が生じて、東灘区を中心として大火災が発生した時、これをヘリコプターと地上とで体験した。京都に戻って数か月後には、関心が「耐震」から「大火」に移った。それは神戸で起きたような大火災が京都で起きれば、膨大な文化遺産が灰燼に帰する怖れを抱いたからである。

地震や風水害は言うに及ばず、ほとんどの自然現象が災害要因となり、各種の施設で被害が生じ、社会の機能が失われることはしばしばであり、文化遺産が被災することも稀ではなかった。しかしながら、自然災害の専門家はほとんどが理科系であることから、文化遺産の分野の出来事に口出しをすることにはとまどいがあった。一方、文化財の専門家にとっては、度重なる台風や高潮の被害を受けても、一過現象でしかなく、抜本的な災害対策をしようという動機にはならなかった。

こうした経験を踏まえて、一九九五年以来、文化遺産の防災問題の重要性を人々に伝えることを続けてきたが、その過程で文化遺産の抱える問題は単に防災だけではなく、現在の文化遺産を毀損することなく後世に伝えることの意義と重要性が忘れられていることが見えてきた。そして、結果としてこの問題に傾注することになり、阪神淡路大震災からこれまでの過程を振り返り、文化遺産の保全と継承に関わる自身の経験をまとめることにしたのが本書である。

本書での記述は、筆者が直接・間接に関わった事柄だけに絞った。文化財の分野は膨大な資料の蓄積があり、一方、防災の分野は大きな拡がりを持っているが、これらの二つの分野が重なる部分はほとんどない。これらの分野が重なるのが文化遺産の防災と継承の分野であるが、それは両分野の拡がりの中ではごくわずかでしかない。そして、筆者はこの分野を拓いてきた者の一人であると自負しており、その過程で出会った人々のこと、その人々と共に進めてきたことをここに記した。

したがって、文化財を専門とする人々や防災の専門家から見れば、狭い分野しか対象としていないと受け取られるであろうが、文化遺産の災害問題が関わるのは、その程度の拡がりしかないのが現状である。

一方、通奏低音は歴史であると述べたが、これは言い換えれば、京都は単なる観光都市ではなく、歴史の重層都市であるということであり、この視点に立って、将来のあるべき姿を想像しつつ読み進んで頂ければ幸いである。

二〇一八年四月吉日

土岐　憲三

目次

六、明日の京都と羅城門　205

一、ＮＰＯ活動と忘れ得ぬ人々

一・一　人生の転機　阪神淡路大震災

人には、人生の転機がある。筆者の場合、それは一九九五年一月十七日早朝五時四十六分に起こった「阪神淡路大震災」であった。震災の原因は兵庫県南部沖地震である。

この地震のちょうど一年前の一九九四年一月十七日にロサンゼルス郊外のノースリッジで六十八人の死者が出る大きな地震が起きた。一年後の一月十七日、日米の地震災害の研究者約五十名が二日間の記念セミナーを開くために大阪に集まっていた。筆者は、セミナーの冒頭で基調講演をすることになっていて、前夜から大阪のホテルに泊まっていた。そして、朝の早い時間に強い揺れで目を覚まされたのであった。

テレビでは早速被害状況を放映していたが、いつものように針小棒大な報道であろうと、十時から予定どおりにセミナーを開会して基調講演を行い、十一時からは米国側の基調講演も済ませた。

地震は朝の六時前に起きているのに、十二時まで日米の地震災害の専門家は反応していなかったのである。さすがに正午になると報道の内容も神戸での被害の実情と被災範囲が広域に及ぶことを伝えるようになっていて、大阪のホテルでセミナーをしているどころではないとなり、一日半を残して解散。米国からの専門家も被災地に散っていった。現地の神戸では大変な混乱で、同行した日本側の参加者も難儀した。

筆者は解散と同時に会場に来ていたテレビ局に拉致されて、解放されたのは翌日の夕刻であった。今は故人となった筑紫哲也氏の番組で、一日半のお付き合いであった。東京からの新幹線は動いていないし、飛行機も欠航していたので、筑紫さんは東京から大阪までヘリコプターを乗り継いで来たとのことであった。

テレビ局ではヘリコプターで被災現地に行き、取材してスタジオで解説することを数回繰返した。この間地上と上空から、いくつもの地点から火の手が上がっているのを目撃した。地震が起こす火災の怖さが身にしみた。この時までの専門分野は、構造物や施設を地震による揺れから守ることであった。いわゆる耐震工学である。倒壊した高速道路や家屋を多く目にし、大規模な液状化地域も訪れて地震の怖さを目の当たりにしたけれども、火災の怖さは揺れによる怖さとは違うことを、この時から感じていた。

一日半、筆者はテレビ局を出たり入ったりしていたが、テレビ局はコマーシャルを控え、同じニュースや被災状況を繰り返し放映していた。テレビ局のスタッフは放送しようとしても、行政からも通常のニュース源からも新しいニュースが入らないから、自分たちで自転車に乗って、例えば腎臓の透析はどこそこの病院では続けています、と言うようなことを集めて放送していた。また、筆者は、後ほど「二日もテレビに写っていながら、同じネクタイをしているのは恥ずかしいことだよ」などと高等学校時代の女性の同級生から電話でなじられた。家には帰っていないし、新しいのを買えるわけがない、そんなことに気を取られないで、番組の中身を観てよ、と言い返すのがせいぜいだった。

その後、京都での防災関係の会議で、京都での震度は五であって重大な災害は生じていないことが報告されたが、別の機会に京都盆地の航空写真に国宝や世界遺産の分布が印《しる》されているのを見て、これと神戸での地震火災の状況とが頭の中で重なった。それ以後、自分の関心事が耐震工学から地震火災へと百八十度転換してしまった。神戸で起きたような同時多発火災が京都盆地で起きたなら、有形・無形の多数の文化遺産が灰になってしまうという恐怖に捉われたのである。

幸いにして神戸の地震では重要な文化遺産の建造物が火災で燃えるということはなかった。火災の起きた範囲は広かったけれども、その中に国宝や重要文化財は無かったからである。姫路城をはじめ兵庫県の重要な文化遺産の多くは県の西部にあり、難を免れたのである。

京都で同時多発火災が起きれば、そのような僥倖《ぎょうこう》は望めない。何しろ京都は東西と北の三方は山で囲まれている。昔は南には多くの人は住まず、文化とは縁のない土地であった。すなわち、東山、西山、北山と宇治川で囲まれた盆地の中に千二百年来の文化遺産が遺されているのである。もちろん、現在は宇治川の南にあった巨大な巨椋池は埋めたてられて多くの人が住んでいるが、この辺りから南には平等院や世界遺産の宇治上神社《うじがみ》がある地域以外には重要な文化遺産は遺されていない。

京都の文化遺産の人口に対する密度は後述のように、他の都市とは比較にならないほど高く、火災に対する危険度は極めて高いのである。

一、NPO活動と忘れ得ぬ人々

神戸の地震で大切な文化遺産が焼けなかったのは幸いであったけれども、不幸なことは焼けなかったが故に、文化遺産の地震火災という問題に誰も気に止め無かったことである。この地震で少しでも重要な文化遺産が火災で失われるようなことがあったなら、文化遺産の火災が社会全体でもっと大きな問題として捉えられ、議論が深まって対策の必要性が認識されていたであろう。神戸の地震後には地震災害の専門的な立場から各地で講演する機会が多かったが、そうした際に、京都の文化遺産の地震火災に対する危機感が高いことを訴えても大きな反応は無かった。阪神淡路大震災における文化遺産と地震火災との関係がテレビや新聞で報道されることも無かった。ほとんどの人が筆者の訴えに対して実感を持つことは難しかったからである。

一・二　文化遺産防災ことはじめ

最近は「文化財防災」がいろいろな場で語られるようになった。この言葉が使われるようになったのは、それほど古いことではない。これまでも、奈良の室生寺の五重塔が一九九八年九月の台風による倒木で大きな被害を受けたり、厳島神社が二〇〇四年九月の高潮により被災した際にも復旧対策が行われたが、文化財が自然災害を被るのは稀な出来事であるとして片付けられてきた。

文化財もしくは文化遺産を全体として捉えて、自然災害から守ると言う概念自体がなかった。これは文化財の専門家も、防災の専門家も、互いに関わりのない世界であるとの考えしか持たなかったからである。いまだに両者の間には広くて深い谷がある。

文化財保護の分野は大きな拡がりを持っており、国宝などの建物のみならず、無形遺産や埋蔵文化財に至るまで関係分野も多岐に亘るが、自然災害問題だけは見過ごされてきた。特に地震災害に際しての対策の欠如については、文化財保護の専門家の指導的な立場の人も認めるところである。

また、政府の文化財保護の責任ある部署の責任者も、これまでの文化財の防災対策は、境内の内部からの失火や放火に対応するものに重点を置いており、延焼すなわち大地震時に懸念される周辺地域の家屋を含む同時多発的火災が、歴史的建造物に及ぶことを防ごうとするのではなかったことを認めている。文化財保護の分野の専門家も、今後はこの問題に傾注しなければならないことを認識しているのである。

一方、自然災害の防止や軽減に関わる研究者は全国の大学だけでも二千名余にのぼるが、文化財の防災の問題に関しての組織的な研究を行ってきてはいない。歴史的建造物や文化遺産に関しての個別の研究は、少数ながら学問的興味から行われてきてはいるが、組織だった研究になっていなかった。文化財や文化遺産は代替性のないものであるから、他の社会資本などとは別の視点から論ぜられるべきものであるが、自然災害の研究分野では、これまではこうした俯瞰的な視点に立っての研究は行われてこなかった。

一、 ＮＰＯ活動と忘れ得ぬ人々

しかしながら、文化財の問題が重大であるという考えが、一九九五年阪神淡路大震災後から次第に理解されるようになってきた。これは、文化遺産の分野の人々、自然災害の分野の人々、あるいはいずれにも直接関係しない人々が、この忘れられてきた視点に気付いた結果に他ならない。こうした見直しの気運は次第に大きな流れになりつつある。筆者は元来、耐震工学を専門分野としていたが、一九九五年の阪神淡路大震災に際してテレビ局の依頼により被災地とスタジオを往復する際に二百八十を超える地点からの同時多発火災の発生を目にしてから、耐震はさることながら、耐火がより大きな問題であると思い始めたことは既に述べた。

特に文化遺産に目を向けると、地震の揺れで倒壊しても復元は可能であるが、火災で灰になった場合には元に戻すことが出来ないことに気付いて、研究分野についても完全に方向転換をした。と言っても、従来からの地震災害全般に関わる研究分野と関係を断ったのではないから、耐震と耐火の二本立てになったのである。

そして、一般社会に対して地震後の同時多発火災の防止の重要性を説き、対策の必要性を訴えてきた。国や自治体との協働が実現して、京都では現実の場において小規模ながら文化遺産の集積する東山山麓を火災から守る事業を進めることができ、それが政府の目にもとまり、二〇〇五年には「文化財防災」の創始者として内閣総理大臣表彰をうけた。すなわち、「文化財防災」の重要性が認識されるようになったのは、今からたかだか十余年ほど前でしかないのである。

京都市は神社仏閣を対象として文化財市民レスキュー体制の組織化を図っている。市民による監視の目を強める、訓練を通じて行動力を高める、初期消火訓練、などが実際に行われている。中でも特徴のあるのは災害時における寺社からの文化財の搬出である。寺社での火災の危険性が迫ったときには、近隣の住民が安全な場所まで文化財を運び出すためのチームをあらかじめ定めておく組織の編成であり、寺院であれば仏像ごとに担当者を住民の中からあらかじめ指定している。

京都市では平成十二年に事業を始めて十六年度までに二百チームを目指していたが、予定より早く目標に達して、現在では二百三十八チームが編成されている。この体制のモデルとなったのが清水寺警備団であって、この組織は全国に先駆けていることから、消防庁長官による表彰を受けている。

一、 NPO活動と忘れ得ぬ人々

一方、観光バスのガイドやタクシーの乗務員を対象とした文化財マイスター制度も制定されている。これは観光客などに対して京都の文化遺産を紹介するのに必要な知識を付与する制度であって、所定の課程を修了した者にはその名札や必要な機材を付与している。人工呼吸に必要な器具や笛などがショルダーバッグの中に納められているのである。

さらに、小学校の高学年に対しては「文化財防災サマースクール」と称する活動も数年前から始まっている。これは成人のみならず、子供の頃から文化財についての意識を高めておこうとするものであり、こうした地道な努力の積み重ねが、将来には花開いて文化遺産の防災につながることが期待される。極めて意義深い事業である。

文化財防災と言う言葉が一般社会にも次第に定着しつつあり、文化遺産を自然災害・人災から守ることの重要性や意義が語られる機会が増えつつある。しかしそうした機能を持つ施設が実際に建設されることは未だに限定的である。その数少ない例が三・三で述べるように既に京都市内には出来上がっている。全国に先駆けて実施されたものであり、事後対策ではなく、予防の見地から設けられたのは世界的に見ても希有なものである。このシステムをさらに拡張する方策を練っているが、残念ながら広く知られるには至っていない。ここに紹介して、理解や支援の輪が拡がり、他の都市でも同様な機能を持つ施設の設置が広く展開することを期待している。

一・三　地震火災から文化財を守る協議会

阪神淡路大震災による京都の震度は五であり、被害は軽微であって、人命も失われていない。地震直後の京都市の防災会議では被害報告があり、寺社には八十余か所で被害があったと報告されたものの、極めて軽微であって、文化遺産の被害という観点から学ぼうという機運はまったく無かった。

しかし、地震災害を専門とする者の一人としては見逃すことのできない報告があった。それは仁和寺と醍醐寺の防災施設の機能が失われたことである。いずれの寺院でも貯水槽と放水銃とを結ぶための地下管路が破損したのである。管路はライフラインの一つであり、一か所でも破損すれば全体の機能が失われるのがライフラインの特徴である。両寺院とも広く知られた格式の高い寺院である。したがって、それなりの防災対策も行われていたが、大切な寺院であるがゆえに古くから施設が設けられ、経年劣化のせいで、京都から五十～六十キロも離れた淡路島、神戸近辺での地震により、消防施設としては致命的である地下管路の破断が生じたのである。京都の近くで起きた地震であれば、はるかに多くの寺社の消防施設が機能を失ったであろう。

京都で実際に起きた被害は軽微であっても、膨大な数の歴史的建造物があり、それも京都盆地という狭い地域に高密度に遺されていることを考えれば、見逃すことはできなかった。東西と北が山地であり、南は宇治川でそれ以南とが明確に区切られている京都盆地は、地震時にはプリンの入った皿を揺すった時のように揺れが大きく増幅され、そこに密度高く木造の家屋や寺社が建っているのである。また、古くから遺されている規模の大きな木造建造物では、揺れによる被害も生じるであろう。こうした建造物が極めて高密度に遺されている京都では、揺れによる倒壊もさることながら、同時多発火災が何よりも怖いのである。重要な文化遺産建造物が倒壊しても、それを引き起こせば復興できるが、灰になれば如何ともし難い。

こうした同時多発火災が現在の京都では、どの程度の危険性を持っているのであろうか。京都にある歴史的な建造物は長い歴史を有していて、地震や雷、そして内乱に伴う火災にも見舞われたけれども、その多くが遺されてきて、国宝や文化遺産として評価されている。これからも同様に遺され続けるであろうと、多くの日本人は楽観しているのではないか。しかし、その考えは間違っている。

図1は明治二十年頃の京都の地図である。黒く薄く着色されているところが市街化されている地域であって、国宝木造建造物が●印で示されている。明治二十年頃、すなわち今から百二十年前には、現在遺っている国宝の建造物の近くには人家が極めて少なかった事が分かる。

現存する歴史的建造物は近くに人家が無かったから現在も遺っているのである。市街化されて人家があった地域にあった寺社は、百二十年より前に焼亡してしまったから、今は遺っていないのである。

学ぶべきは、歴史的建造物は周囲に可燃物としての人家がなければ、焼けることはないことである。

地震、落雷などの自然災害と戦火などの人為災害を除けば、焼亡するのは周囲の人家からの延焼なのである。歴史的建造物の周囲に可燃

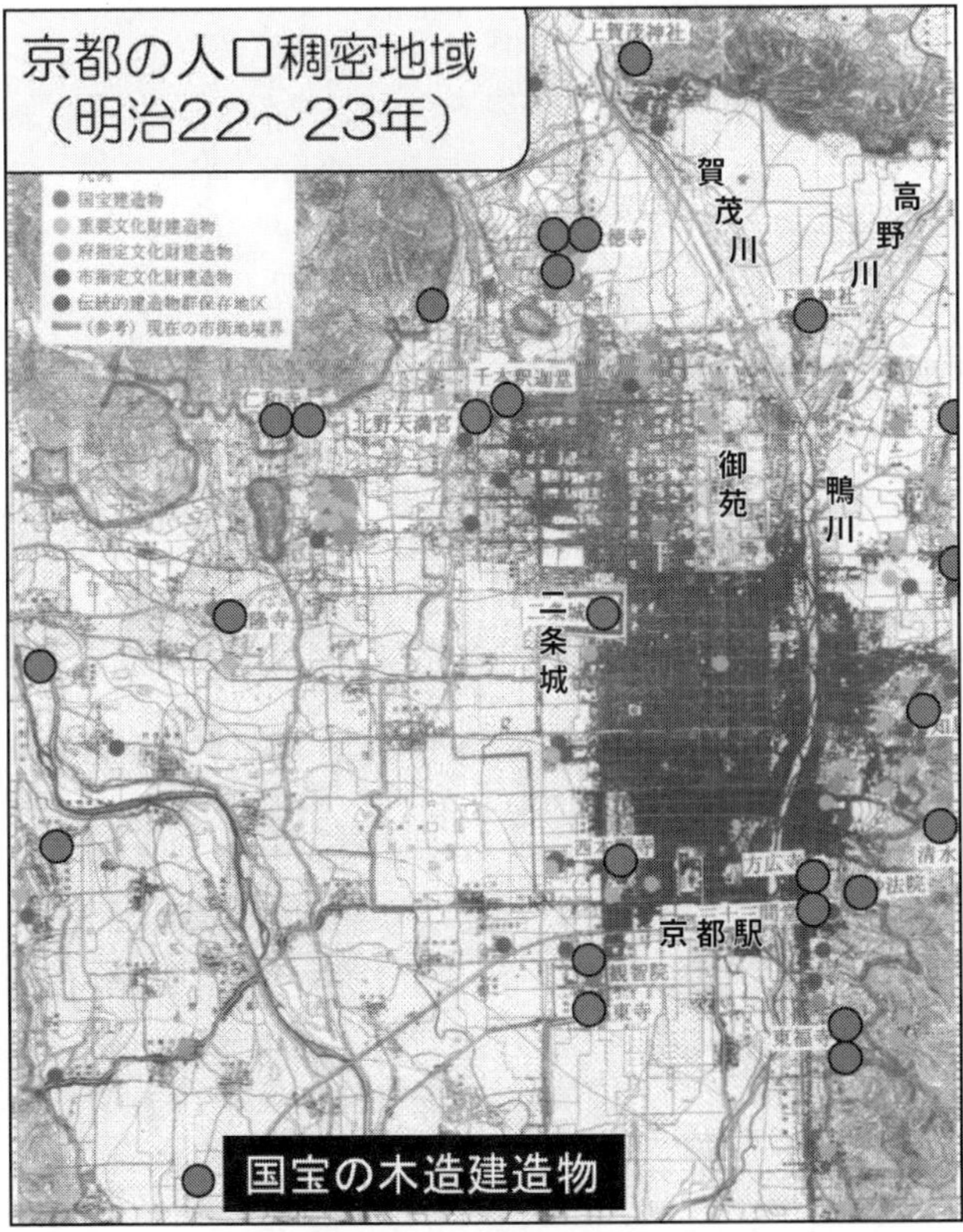

図１　京都の国宝の建造物と市街化地域

物としての人家がなければ、境内での失火などがない限りは焼亡することはない。

では、現在の状況はどうであろうか。

京都盆地は山科をも含めて隅から隅まで人家で埋め尽くされている。

図1が示すように明治二十年頃には●印の周辺にはわずかな人家しか無かったが、現在はこれらの国宝の建造物のすべてが完全に人家により取り囲まれているのである。可燃物の海に漂っているのである。

このような状況の下で、同時多発火災が起これば、京都盆地の各地にある歴史的建造物としての国宝や世界文化遺産は、周囲の人家やその他の可燃物からの延焼の結果として、灰燼に帰するであろう。

地震で倒壊しても、元の部材を集めれば復元することは可能である。こうした際に、世界文化遺産では材料や姿形の真正性が問われるが、元の部材を使って元通りに再建すれば問題にはならない。しかしながら、燃えて灰になれば為す術は無い。

一・四　騙された会長

こうした状況を一人でも多くの人に理解してもらうために、社会的に広く知られた方々にお願いして協議会を設けることにした。名前は「地震火災から文化財を守る協議会」とし、一九九七年に発足した。しかし、地震火災のみではなく大洪水などの自然災害、場合によっては放火などの人為災害にも目を向ける必要があるとの考えに基づいて、二年後にＮＰＯを設ける際には「災害から文化財を守る会」へと少しだけ窓口を広げた。

一九九七年からの協議会の活動は任意団体として進めてきた。物事の進め方が全貌を見据えてから始めるのではなく、ある程度構想が固まったなら、その後は歩きながら考えるというスタイルである。相談すべき仲間もそれほど多くはなかったから、この方法でも問題なく対処できた。

まず、行うべきは協議会の体制の整備である。

協議会の会長には小松左京氏にお願いした。小松さんはジャーナリストであり、「日本沈没」で地震国日本が大地震に襲われたときに、どんなことが起きるかを作家の目を通じて、そして科学的知見をもって小説に仕上げたことで広く知られている。その作品は映画にもなった。

神戸の地震に際しても広く実情を探っておられた。その一環として筆者も長いインタビューを受けて、その後も講演をお願いしたり、されたりする交流が続いていた。

こうしたことを背景にして、協議会の会長をお願いしたところ、快く引き受けてくださった。その後、後述のＮＰＯができてからも、一年に一回は協議会とＮＰＯとの共催でフォーラムと称して講演会を開催してきた。毎回のフォーラムでは冒頭で会長としての挨拶をお願いしていたが、その中で必ず「土岐さんに騙されて会長になった」と笑いを取っておられた。その後健康を害されて、フォーラムにご本人が来られないときは、秘書さんがメッセージを読み上げて下さったが、そのときにも、「土岐に騙されて、」から始まるのが常であった。

残念ながら、二〇一一年七月にお亡くなりになった。その後も会長の席は空席のままにした。十数年に亘って協議会あるいはＮＰＯ活動を身を以って支えて下さった恩義からしても、他の方にお願いする気持ちにはなれなかったのである。

協議会を発足させた時には、海のものとも山のものとも分からないにもかかわらず、多くの著名な方々が協議会理事として加わって下さった。

名簿を仮名書きすると最初にあるのが有馬朗人先生である。協議会の結成当時は東京大学総長職を終えられた後であった。ご専門は原子核物理であるが、地震問題にも関心を持っておられて、阪神淡路大震災の直後には、地震に関する大きなシンポジウムを開催された。主題は地震予知よりは地震防災に重点を置くべきであるとの提言を国に向かってしようということであり、筆者もその会の講演者として招かれたのであった。

先生は、その後、参議院議員、文部大臣、科学技術庁長官なども務められた基礎科学の分野の巨人であり、俳人としても著名である。そのような先生に無礼にも電話で理事へのご就任をお願いしたら、一言で「いいよ」とお引き受け下さった。シンポジウムの後も当時は比較的しばしばお目にかかる機会もあったので、失礼な電話でのお願いにも拘らず、二つ返事でお引き受け下さったのであろう。

理事に就任して下さった方々のほとんどは自分で出向いてお願いした。有馬先生のように以前から存じ上げている方ばかりでは無く、知人の紹介で初めてお目にかかる方々もあり、それぞれに忘れ得ぬエピソードがある。それでも、お目にかかって理事への就任をお願いした時の反応はそれぞれに違っていた。たいていの場合には、最初は何の話だろうと怪訝《けげん》な顔をされたけれど、問題の本質に話が及ぶ頃には相槌《あいづち》をうつなど、訪問した時の最初と最後とではまるで別人のように対応をされる方もおられた。

一・五　文化に対する感度

忘れ得ないのは梅原猛氏に初めてお目にかかった時のことである。紹介者とともに京都の桂坂にある日本文化研究所を訪問した際、お部屋に入ると長椅子に腰掛け、紫煙をふかしておられて、一体何の用事で来たのだというような様子であった。

こちらの趣旨を説明するうちにだんだんと前に乗り出して来られて、次々と質問を投げ掛けられた。そして予定の時間を超えて付き合ってくださり、最後には「今の話に関わりの深いことを、ここにも書いてある」と言いながら、上梓されたばかりの本を進呈してくださった。そして自室を出てエレベーターまで見送ってくださった。行きと帰りとの対応が全く違った。これには深く感動した。

氏の「水底の歌」、「隠された十字架」などを通じて氏は常識を打ち破る説を立てる異質な文人であるとの感想を持っていた。だからこそ筆者の言うような、誰も言い出さなかったようなテーマに感じるところを持って頂いたのだろう。理事就任はもちろんのこと、会長をもお引き受け下さった。しかしながら、一か月ほどしてから、日本ペンクラブの会長に就任することになったので、協議会の理事は引き受けるが、会長は辞退したいとのお申し出があって諦めることにした。

当時、国に対しても文化遺産の防災問題に関する検討の場を創ることを働きかけていた。返って来るのは「地元ではどうですか」との逆襲であった。もちろん、京都市などにも、国に対して一緒に働きかけて欲しいと頼んでも、否定も肯定もしない煮え切らない状態であった。行政がダメなら民間に働きかけることにして、知人を介して京セラの稲盛和夫氏にアポイントを取った。要人の場合の常であるが、三十分だけとの約束であった。

しかしながら約束を超えて約一時間にわたって話を聞いて下さった。最後に「大切なことだと思います。何をお手伝いしましょうか」と尋ねられた。そこで、「府や市は必ずしも積極的ではないが、国は地元の考えも聞きたいとのことであるので、精神的なご支援だけで結構です」と申し上げた。その当時は、すでにNPO法人格も取っていて、そのことも説明の中ではお話ししていた。それで、NPOを作っているそうだが会費で運営しているのか、とのお尋ねがあったので、個人会員は年に三千円、法人は一万円を頂くことにしてありますと申し上げた。すると、法人は何社ぐらいですか、とのお尋ねであったので、入ってくれる法人などありません、と申し上げたところ、では京セラが第一号になりましょうと、その場でお申し出を頂いた。全く予期せぬことであり、その上、エレベーターまで見送って下さった。

それは筆者への礼を尽くしてくださるのではなく、梅原さんの場合と同様に、持ち込んだ内容への敬意であったと、今もそのように理解している。

要するに文化遺産を大切にしなければならないということへの高い感度をお持ちである証左《しょうさ》であろう。

一・六　瀬戸内寂聴副会長

阪神淡路大震災から日が経つにしたがって、ヘリコプターや地上から目の当たりにした火災の状況が気になり、あのような同時多発火災が京都で起きたなら、多くの文化遺産は焼亡することは必定であると確信を抱くようになった。その頃は神戸での地震被害についての講演依頼が多く、平均すれば週一回くらいの割合で一般の方々にも地震の怖さをお話する機会があった。

そういうときに、講演の最後のあたりで、あのような地震が京都の近辺で起きれば、多くの文化遺産を失うことは間違いない、と半ば断言するようなことを言っても、聴衆はそうなのか、と言うような顔を見せるだけであった。

地震後の火災の問題については、講演のときだけでなく知人との会話の中でも口にすることがしばしばであった。地震のあとの半年も経たないうちに、二人の友人が将来に備えて何かをしようと言ってきた。その一人が当時の朝日新聞の記者をしていた古森勲さんであった。彼とは神戸の地震の直後に取材を受けて以来、交流があって大部な被災報告書においても少しばかりお手伝いをしていた。

もう一人は筆者が京都大学で助教授に任じられたときに三回生であった岡田鉄三さんであった。地震の当時は建設技術研究所というコンサルタント会社の大阪支社長をしていた。彼は常に先進的な事柄に意欲的な人で、あるとき、鴨川の床で飲んでいて、今でいうならばソフトバンクやＫＤＤに相当するような事業を興そうなどと大それたことを語り合うような間柄であった。広い意味では教え子であるけれどなぜか気の合うところがあって、今でも共に写真というよりはカメラ自慢をし合う間柄である。

この二人と共に京都の文化遺産を地震後の火災から守るための組織作りをしようということになった。そのためには人々の耳目を集めるために、世の中で広く知られた人にお出ましを願うのが良いと決まった。

そこで古森さんが仕事柄、瀬戸内寂聴さんを存じ上げているので、お願いしてみようということになった。そこで彼が電話して訪問したところ、秘書さんから当日は風邪で体調が良くな

一、ＮＰＯ活動と忘れ得ぬ人々

いので三十分だけにして欲しいと言われた。

その上でこちらの考えていることを話し、協議会を作りたいので加わって頂きたいとお願いした。こうした話をしているうちに約束の三十分が過ぎてしまって、帰ろうとすると、気にしなくていいと言ってくださり話が続いたが、猫が纏わり付くのをご覧になっていて、猫でもいい男はわかるのね、などと軽口を叩かれた。

こういう次第で強力な協力者を得ることになった。その後、一年くらいしてであったろうか、協議会とNPOの広報活動の一つとして、CDを作ろうということになった。

そこで瀬戸内さんに厚かましくも何か一言お話いただいてビデオカメラに撮ろうということになった。お願いしたら、「ああ、いいわよ」とご快諾いただいた。

当然、最初に訪問した寂庵でのインタビューであろうと思い込んでいたら、「そんなの駄目よ、お寺さんに行かなくちゃ」とのことで、わざわざ大覚寺にお出まし下さって、山門の石段の途中に立って、原稿なしで文化遺産を災害から守ることの意義と重要さを滔々《とうとう》とお話くださった。その時のCDは今も残っており、NPO活動には折につけ大いに役立った。

一九七七年十月には協議会「地震火災から文化財を守る会」の発会式を京都の国際会議場の隣のプリンスホテルで開催した。この会の会長には既に小松左京さんにお願いしていたが、副会長は未定のままであった。発会式では小松会長の挨拶に続いて瀬戸内さんに講演をお願いしていたので、会議の始まる直前に副会長になっていただきたいと、誠に厚かましく、礼を失したお願いであったにもかかわらず、「いいわよ」といとも簡単にお引き受け下さった。

そして、講演の冒頭で「今日は入りが少ないですね、私の講演にはいつも二千人くらいが来ます」と当方をこき下ろして笑いをとってから話を始められた。

当日のシンポジウムは、文化財の防災などという地味な内容であり、出発したばかりの任意団体の講演会とあって、聴衆は三百名程であった。会場はそれほど広くなかったからガラガラという状況ではなかったが、二千人も入る会場でなくて良かったと胸をなでおろしたのであった。

一・七　ＮＰＯとメセナ

ＮＰＯは、現在は広く知られており、日本語になっていると言っても良いかもしれない。協議会は任意団体であったので、これを公的な組織として会員を募り、それにより組織の運営を考えるべきだとの議論があり、二〇〇〇年に「ＮＰＯ・災害から文化財を守る会」への申請を行った。これまでの活動は主として京都で行ってきたから、京都で申請しようとする考えもあったけれど、我々の活動は京都に限らず全国を対象としているのである、との考えで東京都に申請した。

ＮＰＯ法人の活動は行政行為の末端に近いことが多いが、基本的には会員を募集して会費で賄うのが基本であろう。文化財の防災については人口に膾炙《かいしゃ》しているとは言えないから、行政からの支援はほとんど期待できない。したがって、ＮＰＯを運営するためには個人会員として入会してもらい、会費三千円を頂き、それで運営するのが基本であろうということになった。そこで、創立に関わった者やその周辺の人々にご理解頂くべく、手紙を出したり、電話をかけて会員を募った。その上で、多少は大口の理解者もいるかも知れないと考え、会費一万円の法人会員をも設けておいた。その第一号が前述の京セラであった。

ＮＰＯは文字どおり、法人格をもつ非営利団体であるから、株式会社のように利益を出す必要はないが、活動を続けるためには、それなりの経費を必要とする。しかしながら文化財防災のような、一般には知られていない分野での活動に関心を持ってくれる人は限られていて、会員制をとっていても進んで会員になってくれる人は限定的であった。個人会員はほとんどがＮＰＯの幹事会のメンバーの知り合いであって、最も多いときでも三百人程度であった。これでは年に一回とはいえ、どこかの都市で人を集めてフォーラムを行い、機関紙を発行する経費はとても賄えない。ＮＰＯの掲げる文化遺産防災の理念を一人でも多くの人に理解してもらい、活動の範囲を広げるためには活動をこれ以下に絞ることはできない。

こうした状況下で、企業によるメセナ活動とでもいうべき助力を二つの企業が申し出てくれた。一つは協議会を始めようと相談した三人のうちの一人である岡田鉄三さんが大阪支社長であった建設技術研究所（株）の本社であった。ここは結果として二十年間にわたって多額の財政的援助と大阪での事務局を引き受けてくれた。もう一つは、当ＮＰＯの東京に設置した事務局の局長を引き受けてくれた横田節子さんが社長であるアドスリー出版社であり、季刊の機関紙を発行し続けてくれた。ＮＰＯ活動を単なる同好会でないものにするためには、こうした、見返りを求めず、基本的な理念に同調してくれる組織がなければ成果は上がらなかったと確信している。

一、　ＮＰＯ活動と忘れ得ぬ人々

個人会員の多くは、関係者の直接・間接のお願いを聞き届けて会員になって下さったが、自らの意思で会員になって下さった方もおられる。

そうした中の著名人の一人が山折哲雄氏である。先生には講演をお願いしたこともあったが、それで当ＮＰＯの目指すところをご理解いただいたのであろう。面識のある筆者に対してではなく、事務局に直接申し込みをしてくださった。こうした入会申し込みは大変ありがたいことである。良き理解者がいることの何よりの証左であり、励まされる思いであった。

山折先生には、後述の「明日の京都」でも理事に就任をお願いした時に快く引き受けて下さった。「明日の京都」でも基調講演やフォーラムでのパネル討論でもお話を聞く機会がある。いつも違う内容の、そして全く想像しない視点からのお話が聞けるので、心待ちにしている。

毎回、基調講演には各界の著名人にお願いした。文化遺産を災害から守るという会の趣旨にご賛同を頂き、いずれもご快諾頂いた。

特に印象深かったのは文化勲章を受賞された作家の杉本苑子さんであり、熱海のお宅に伺った際の熱い励ましは忘れ得ぬ思い出である。ピカピカに磨き上げられた階段で滑らないようにとの優しいお気遣いがあったが、その数年後にご自身が転んで骨折したとの笑えないエピソードも思い出される。その他にも基調講演をお願いした方々は、いずれも当方の趣旨をご理解下さっており、我々を力づけて下さった。

NPO活動の一環として、毎年一回はフォーラムを開催してきた。基本的には毎年違う都市で行ってきたから、会場探しや開催案内の配布など、いろいろと準備することが多かった。

一番の気苦労は基調講演をどなたにお願いするかということであった。当NPOでは文化財防災を標榜してきたが、直接このテーマに合致する話をしていただけそうな人はいなかった。

それは、「文化財防災」という概念すら知られていない時期であったから、このテーマで講演依頼をすることはあり得なかった。となると、選択の範囲が急に広くなり、文化財の防災などというニッチな分野に関心を持っていない人々でも、お話を聴きたくなるような人に講演をお願いすることが可能になった。

多士済々、いろいろな方々にお話して頂いた。特定のお名前を記すのは憚られるところであるが、筆者自身が強く印象に残ったことのみを記したい。先ずは映画の篠田正浩監督である。面識はなかったが、大島渚、吉田喜重とともにヌーベルバーグ三羽烏と言われて、当時の若手の映画監督として飛ぶ鳥を落とす勢いであった。それに三人ともが当時の大もての美人女優を射止めて、あるいは射止められて（？）世の中の同年代の男どもに羨《うらや》まれたものであった。吉田監督は岡田茉莉子、大島監督は小山明子、そして篠田監督は岩下志麻、いずれ劣らぬ美女揃いである。才能溢れる映画監督たちが映画界きっての美女たちと揃いも揃ってカップルになるのはなぜなのか、どちら側からの接近なのか、などの疑問を筆者ならずとも持っていたのではないだろうか。

一、　ＮＰＯ活動と忘れ得ぬ人々

そして、シンポジウムを奈良で開催しようとなった時に、ＮＰＯの幹事会の仲間が篠田監督を候補にあげると筆者はすぐに岩下志麻さんにも出馬をお願いしてもらえないかと頼んだ。これは残念ながら実現しなかったが、篠田監督はご快諾下さって、二〇〇七年に奈良の金剛流の能舞台を借りてのフォーラムで基調講演をして頂いた。文化財防災などという聞いたこともない分野のシンポジウムにも拘らず五百人もの人々が参加したのも篠田監督の令名のおかげであると思っている。

一・八　篠田正浩監督と奈良仏教

奈良の能舞台での篠田監督の基調講演の演題は「奈良は、私の宝」であった。八百万《やおよろず》の神々のいる日本に仏教が伝来したが、日本という風土の柔らかさが神道と仏教とが習合するという世界的にも珍しい国を作り上げたのだ、というお話であった。日本人の宗教観や独自の文化の創造に関して大変感銘を受けたことを記憶している。

多くの日本人は、天皇家は神道であると思っているようだけれど、それは明治新政府になってからの神仏分離令の結果であって、それまで仏教は天皇家によって保護されてきたのである。尊皇攘夷というイデオロギーが天皇親政へとつながり、結局は太平洋戦争を起こしたのだという流れであった。

そして、アジアの各国から仏教とともに各種の芸能も入って来て、それらが融合・統合して現代の能や狂言になり、寺社が芸能者を育ててきたのであって、奈良の都は建物だけではなくて、建物に付随して来た芸能集団が現代の日本人の誇りとする文化の担い手であったということを肝に銘じて欲しいとのお話であった。文化遺産の防災を主旨とするNPO主催のフォーラムへの参加者は大いに感銘を受けたのであった。

このご縁で二〇一二年に再度、奈良の大和郡山でシンポジウムを開催した際にも基調講演をお願いしたところ、今度は万葉集を主題としたお話をして下さり、その幅の広さに感服したのであった。

一、NPO活動と忘れ得ぬ人々

映画作家と言えば大林宣彦監督にも一度ご登場頂いた。一回目は二〇〇三年のフォーラムを東京の有楽町の朝日ホールで開催した時である。「守らなければならないもの」と題して講演してくださり、当NPO法人の機関紙である「情報ネット」にもご寄稿頂いた。

二〇一五年には広島県の尾道でのフォーラムにもご講演をお願いした。それは尾道のご出身だとのことでお願いしたのである。

同じ方に二度のご登場を頂いたのは篠田監督に続いて、奇しくも映画作家である。この時には手違いで、会場が間近になって公民館から小学校の講堂に変更したが、ここが大林監督の母校であったのも奇縁であった。

また、尾道で開催することに決めた直後に、尾道が日本遺産の第一号の一つに指定されたのも、文化遺産を活動の対象としているNPOにとっては奇縁と言うしかないことである。

京都仏教会は毎年お釈迦様の誕生日である四月八日に花まつりを催している。これは、京都の各宗派が一堂に会しての行事であり、「おしゃかさまを讃える夕べ」と題している。仏教関係者のみならず、仏教会と関わりのある各界の人々四、五百人がホテルに集う毎年恒例の催しである。

知事、市長をはじめとする行政、企業、観光業、文化人、大学人らに加えて仏教とは縁の深いインドの領事館からも必ず出席される。

催しは十人前後の僧侶による読経から始まるが、毎年異なる宗派の僧侶によって行われる。

これと並行して各界の代表十名余りが、水盤の中に設《しつら》えたお釈迦さまの像に甘茶をかける灌仏を行う。花祭りは釈尊の降誕を祝う灌仏会《かんぶつえ》のことなのである。

有馬頼底理事長は毎年主催者としてご挨拶される。二〇一七年は北朝鮮による各種の威嚇行為に続いて、米国のシリアへの攻撃があった直後であったので、世界のこうした紛争を見るにつけ、日本の仏教が世界の平和に大きな役割を担えるのであるというお話であった。

半年ほど後にはバチカンの法王庁からの要請により、ローマ法王と会談することになっていて、そこでは平和の重要性を強く訴えるつもりであるとの時宜を得たお話があった。これに続いて毎年違った分野の人が四、五十分の講演をする。二〇一七年の会での講演者は篠田正浩監督であった。

この日の講演の演題は「泉涌寺と廃仏毀釈」であった。講演の内容は先述の奈良でのＮＰＯのフォーラムでのお話と基調は同様のものであったが、京都仏教会の催しであるだけに、日本の歴史、社会、文化などにおける仏教の役割が如何《いか》に大きいか、天皇家と仏教との関わりなどについて、広い視野と深い洞察に基づく篠田史観に関わるものであった。

この会の数日後に、仏教会とは直接的な関係のない、然るべき人から篠田さんの話には感銘をうけた、と聞かされた時には、推薦した者として密かに誇らしく感じたものである。

一・九　ＮＰＯフォーラムの開催

ＮＰＯ法人「文化財を災害から守る会」も任意団体の時期も含めて二十年に亘って活動してきて、二〇一六年十月の松江でのフォーラムを最後として幕を閉じた。

当初は京都を中心として活動を進めてきたが、この問題は京都に限るべきものではなく、全国各地の都市はそれぞれに誇るべき文化遺産を有しているのであるから、京都で始めたような活動を全国に広めるべきではないかという考えがNPOの中でも強くなり、次第に活動の範囲を広げ始めたのであった。

とはいえ、小規模な団体であり、専従の職員がいるわけでもなく、幹事会のメンバーは手持ち弁当で月に一回の会合を持っていた。メンバーは主として京都、大阪が中心であったから、それ以外の都市でフォーラムを開くことには多くの困難があった。遠くの都市に出かけて会場を探したり、参加者へのチラシを配布することはボランティア活動である幹事だけでは不可能であった。

そこで京都以外の都市でフォーラムを開催するためには、その都市の自治体に協力をお願いしなければならない。それには当該地の住人であって、当NPOの活動の意義を理解してもらえる人を探さねばならなかった。結局は幹事の友人や知人で理解のある方に、幹事の仕事の肩代わりをお願いできる人が当該地に居ることが絶対条件であった。

さらに、目標とする自治体の協力が必須であり、事前にその都市に何度か足を運ばねばならなかった。知事や市長にお目にかかり、意義を説いて最も適切な職員を紹介してもらって、以後はそれらの職員と連携して準備を進めた。

一、　ＮＰＯ活動と忘れ得ぬ人々

このようにして一九七七年十月の京都での第一回以来、回を重ねて二〇一六年十月の松江での第二十回のフォーラムを最終回として二十年の活動の幕を閉じた。当初は要領も分からず手探り状態であったから、遠くの都市に遠征することは難しく、京都を中心として大阪、神戸、奈良などの比較的近いところで開催しており、複数回のところもあった。開催した都市は、図2に示すように東の東京から西の山口の十三都市に及んだ。これらの都市でのフォーラムでは平均して二百名程度で決して多くはないが、東京の有楽町マリオンホールや京都の国立国際会館でのフォーラムは四百名、奈良の能楽堂でのフォーラムでは五百名ほどであった。文化財の防災という地味な分野の集会としては、まずま

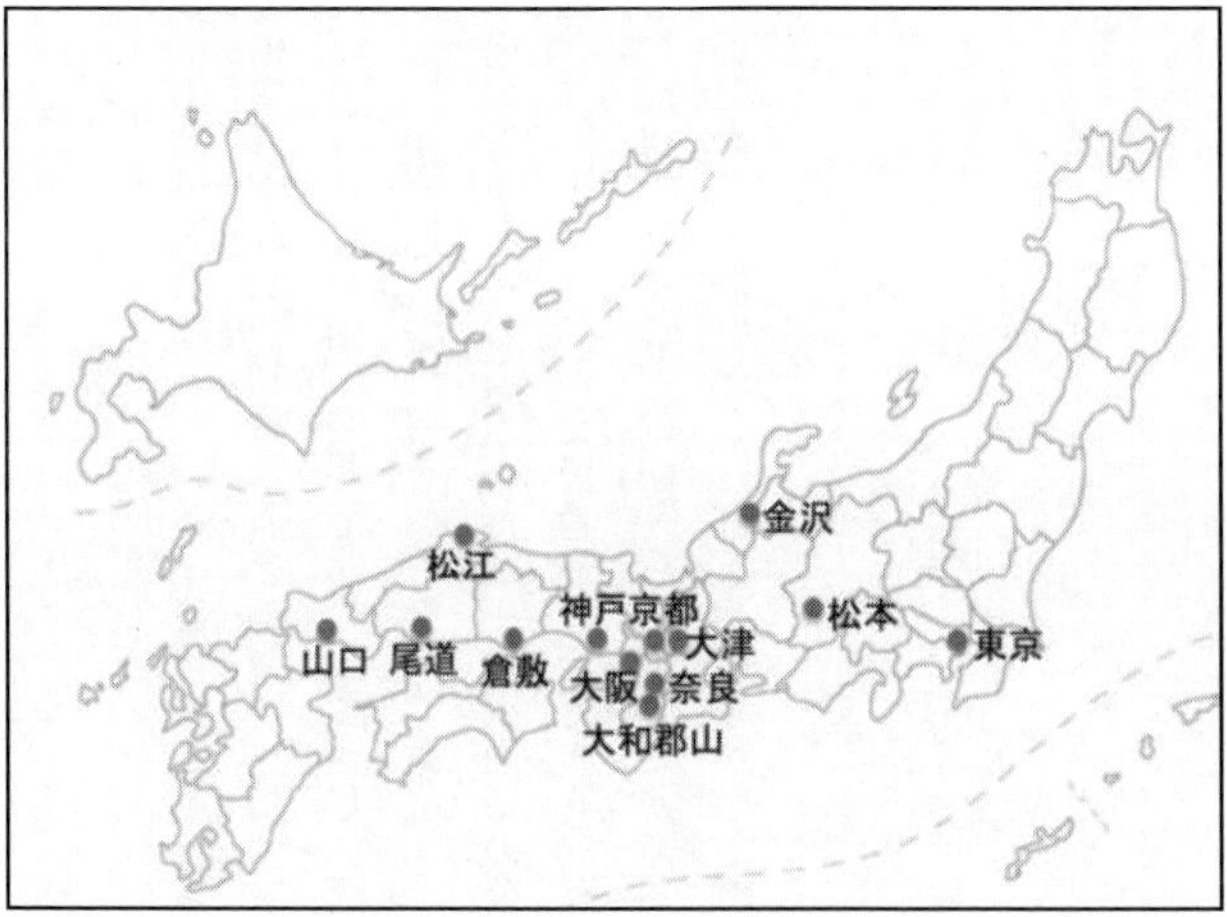

図2　NPOフォーラムの開催地

ずの成果であった。

また、二〇〇九年からは滋賀県知事、金沢市長、山口県知事など、いわゆる首長さんたちにも理解してもらえるようになり、それぞれの町でのフォーラムで基調講演をお願いした。当NPOは京都から出発したけれども、決して京都だけではなく全国の問題であると認識して活動してきた。その目標もある程度実践できたのではないかと思いつつ幕を閉じたのである。

幹事会のメンバーには、更に活動を続けるべしとの意見を持つ者もいたが、財政面での公的な支援が得られない現状では、前述のような奇特なメセナとしての支援者が必須である。財政面での支援者を増やせないままに、既往の支援者に今後も頼ることは耐えられないことであった。規模を縮小してでも継続するべしとの仲間の意に沿えず幕引きをせざるを得なかったのは忸怩《じくじ》たる思いである。

二、文化遺産と社会

二・一　文化遺産と社会基盤

塩野七生著の『ローマ人の物語』の第十巻「すべての道はローマに通ず」（新潮社）は全十五巻の中でも特殊な存在であって、一巻すべてを使ってローマのインフラストラクチャーを論じている。ローマ帝国では、いかに道路が四通八達しており、その範囲も数百キロにも及び、ローマ帝国を千年に亘って支えた重要な要素であったかを述べている。

ここで論じられるインフラストラクチャーは、現代の日本で語られるインフラ、すなわち道路や鉄道あるいは各種のライフラインなどのハードなインフラだけではなく、これに加えてソフトなインフラを併せてインフラストラクチャーと称しているのである。すなわち、ローマ人の定義は塩野氏によれば「人間が人間らしい生活をおくるための必要な大事業」であった。

人間がその生活を送るにはハードなインフラだけで十分でないのは現在の世界でも同じである。道路や鉄道があって、食べて寝ることが出来るだけでは、人間らしい生活であるとは言えない。教育を受けられ、病気になれば治療が受けられ、遠く離れた知人とも郵便や電話で交流が出来なければ人間らしい生き方とは言えない。ローマ人はこうしたことを可能ならしめるものをソフトなインフラと呼んで、ハードとソフトなインフラを併せてインフラストラクチャーと定義したのである。

ソフトなインフラとは治安、税制などのように、直接・間接を問わず地上の構築物や施設以外のシステムを指している。加えて医療、教育、郵便、通貨などのシステムも含まれているのである。

これらのシステムは今日の社会にも必須のものであるが、日本人はこれらをインフラストラクチャーだとは必ずしも考えてはいない。ローマ人はソフトなインフラもハードと同じ次元のインフラストラクチャーだと考えていたけれども、現代人はハードなインフラだけをインフラストラクチャーと呼んでいるのである。英語でも同様であって、（社会の）基本設備と定義されている。

著者は現代人がハードなインフラだけをインフラストラクチャーと呼称することに異論を唱えているのである。

では、ローマ人の言うソフトなインフラを我々はどのように理解すべきなのだろうか。郵便や通貨はシステムそのものである。医療や教育についても医者と患者はいずれも単独では意味をなさず、多くの医療関係者と不特定多数の人間が必要に応じて関わりを持つのであるから、これもシステムであることは自明である。教育も同義においてシステムである。
すなわち現代社会において社会に必須の各種のシステムがローマ人にも必要であったわけで、こうしたシステムを現代の我々のようにハードとソフトに区別していなかった。

人間が他の生き物と違うのは精神活動の有無ではないだろうか。ライオンや牛馬あるいは鯨においても親子や仲間同士に通じる感情や意思伝達方法は持っているらしいが、精神活動や知性に至っては人間固有のものであろう。ソフトなインフラとして挙げられているものは、いずれも人間の知性が生み出したシステムであり、人間の社会に固有のものである。

ここで、『広辞苑』第六巻をみると、「文化」とは、「人間が自然に手を加えて形成してきた物心両面の成果であり、衣食住をはじめ科学・技術・学問・芸術・道徳・宗教・政治など生活形成の様式と内容とを含む」と定義している。すなわち、ローマ人の言うソフトなインフラとは現代人にとっては「文化」なのである。科学から政治に至るまでのすべての項目は、人間の叡智や精神活動が生み出した「文化」にほかならない。文化や文化遺産は社会の基本的な、そして最も重要な構成要素である。文化や文化遺産のない社会は、現在のみならず、二千年前でもあり得なかったのである。

一方、「社会資本」は『広辞苑』には「道路・港湾・鉄道・通信・電力・水道などの公共諸施設のこと」とある。まさしく、ローマ人のハードなインフラである。これらの社会資本のことをわが国の現代人は「社会基盤」と称している。しかし、「社会基盤」という言葉は広辞苑にはない。換言すれば、現在の日本人は社会資本と言うべき時に社会基盤と言い、ローマ人のいうソフトなインフラは社会基盤の範ちゅうにはないと考えているのである。

ローマ人によれば、日本語での社会資本と文化の両者が、人間による人間らしい社会を構成する基盤であるという明快な定義である。「文化」が社会を構成する重要な要素であると考えることには現代人も異議は無いであろうから、日本語での社会資本と文化を合わせたものを「社会基盤」と呼称することを提案したい。広辞苑には「社会基盤」という見出し語はないのであるから、社会資本と文化とを合わせたものとして「社会基盤」を定義してはどうだろうか。

二、 文化遺産と社会

現代人は社会資本と文化遺産は関係のないものとしているが、両者はいずれも現代社会を構成する重要な基盤であるから、両者を併せたものを「社会基盤」と呼称することを提案しているのである。

二・二　人と社会の三つのバランス

中西輝政氏は、社会や個人には三つのバランスが必要だと、いろいろな場で発言している。すなわち、物と心のバランス、進歩と伝統のバランス、個人と共同体のバランスである。しかしながら、戦後の何十年もの間、三つのバランスのいずれもが前者に重きが置かれてきた。すなわち、物・進歩・個人が重視されて、ともすれば、心・伝統・共同体が無視されがちであった。それが、西暦二千年頃からは次第に後者にも眼を向けることの必要性が認識されるようになってきた。

物と心のバランスは本書の採り上げる文脈では文化遺産における重要な要因である。人間の心は目に見えないが、それが精神活動を司《つかさど》っており、大きな意味での文化を形作るものである。その文化が形あるものとして遺されてきたのが文化遺産である。歴史的な文化遺産の場合には、それらを通じてはじめて過去の人々の心の拠り所や精神活動の有りようを伺い知ることが出来るのである。

戦後の高度成長期のように、物と心のバランスが崩れ、物がすべてに優先する時代には、過去の文化は振り返られることもなく、新しい文化の創造も疎《おろそ》かにされたのである。

次いで、進歩と伝統のバランスの問題である。

これも欧米の先進諸国に追いつき追い越せのかけ声のもとで、国中が進歩、発展の一点張りで過去を振り返ることもなく、前進に次ぐ前進と一路邁進を続けてきた。

そういう風潮も二十一世紀を迎える頃になり、ミレニアムという言葉が語られ、聞こえるようになると、では過去はどうだったのであろうかと誰しもが考えるようになった。

そして、過去の物が現在まで遺っているのが歴史遺産であり、伝統とは何かということに思いを致すようになりはじめたのである。

二、 文化遺産と社会

最後が、個人と共同体のバランスである。

現在では共同体と言うより地域社会という言い方が一般的であろう。このバランスも一昔前は何よりも個人の権利、個人的な発展が全体としての国の力の増進に寄与するのだとの考えが背景にあって、個人的な利益追求には何ら臆することはない、という考えが社会全体を支配していた。

しかしながら、これもミレニアムの声とともに流れ始めたのが地域社会ということであった。ここにいう社会は、それが集まって国を形成するというのではなく、国全体を考える前に自分の近くの周辺社会、自分の地域の在り方を見直すべきであろう、との観点に立っているのである。

たとえば、家を造るに際して、自分の拠って立つ周辺地域の町並《まちなみ》とアンバランスなものは避けておこうというような考えである。

これらの、文化、歴史遺産、地域社会の三つのキーワードをまとめて、本書の通奏低音である防災あるいは災害防止という言葉で括《くく》るとき文化遺産防災と言う言葉が生まれてくるのである。

三つのキーワードはそれぞれが必ずしも関連のある分野でもなく、概念でもなかったが、いずれもようやくミレニアムの頃から一組の言葉として語られるようになったことを思い起こせば、これらを防災という言葉で括った文化遺産防災が一つの概念として当然のように認識されるようになるには、さらに年月を俟《ま》たねばならないであろう。要するに、文化遺産防災という概念や言葉は極めて新しいのである。

しかしながら、文化遺産と防災というほとんど縁の無かった分野が結びつくようになって、単なる言葉だけの世界では無く、実際の社会でもこの考えが目に見えるようになってきた現状を見る限りにおいては、文化遺産防災が「文化」と「防災」に分離して二十年前に戻ることは無いと確信している。

そして、ますますこの言葉の実社会での存在感が高まって、多くの人々が協力して文化遺産を毀損することなく後世に伝えるとともに、新しく創出されつつある現在の文化を既存の文化に付け加えて次世代へと繋げてゆくことが望まれる。

二・三　文化と文明

科学技術が著しく進展した現代文明の中にあって、文明と文化の違いは何であろうか。このテーマは文筆家でも文化系の研究者でもない筆者にとっては困難な課題である。以下においては、一般論としての文明と文化の問題ではなく、本書の主題である文化遺産と防災の問題に限って論を進める。

最近は「文化遺産」という言葉を見たり聞いたりするが、「文化財」とは何が違うのだろうか。文化財とは「物」である。たとえば、清水寺も高台寺も文化財であって、寺院もしくは塔頭群としての文化財であり、「物」である。これらのいずれもが大切な文化財であり、毀損しないで将来へ継承しなければならないが、両寺院の間に広がる空間も寺院の建築物に劣らず大切であり、高台寺から八坂神社にいたる空間も京都には欠かせない空間である。そこには八坂の塔、産寧坂などもある。清水寺から八坂神社にいたるすべての空間のすべてが毀損されてはならない文化遺産なのである。すなわち、文化遺産は空間であり、文化財はそこに含まれる点である。

過去の出来事であるが、以下のようなことがあった。高野山には金剛峰寺を中心に多くの塔頭があり、それらが東西に連なっている。これらの塔頭群の火災に備えて、文化庁が消防施設を各塔頭に配備した。その際に、それぞれの塔頭はあまり離れていないから、塔頭ごとに消防施設は設けたが水源は個別ではなく、東西に走る道路沿いに一本の配水管を設置した。そして、この配水管から枝分かれして各塔頭に給水する方式であった。

この消防システムに対して、文化財保護法の観点から不適切であるとの指摘が会計検査院からあり、配水管ではなく、塔頭ごとの個別の給水施設を設ける方式に改めざるを得なかったのである。

何が問題になったのか。それは文化財保護法では各塔頭が文化財であって、塔頭間が接近していても塔頭間は文化財ではないから、塔頭間に配水管を敷設して費用をかけることを会計検査院としては容認できないとのことであった。

各塔頭は文化財であるが、塔頭間の空間は文化財ではないとの認識に立っているのである。現時点では、近接する文化財では、その間の空間も文化財と同様に重要であるとの考えが受け入れられつつある。当時、文化庁の高官に話したけれど、文化財保護法は基本法だから、文化財から文化遺産への変更は容易ではないとの答が返ってきた。文化財保護法の見直しが近く行われようとしているが、「文化遺産保護法」に変更される可能性は低いようである。

歴史的建造物である場合には、物としての文化財ではなく、周辺環境をも含めて文化遺産であるとの考えは、世界文化遺産には明示的に示されている。すなわち、バッファーゾーン（緩衝地帯）が周囲にあることが必須なのである。こうした考え方が一般的になるには、まだまだ時日を要するであろう。

二、文化遺産と社会

さて、文明と文化である。これについては司馬遼太郎の「アメリカ素描」に面白い表現がある。すなわち、「文明はたれもが参加できる普遍的なもの・合理的なもの・機能的なものをさすのに対し、文化はむしろ不合理なものであり、特定の集団（たとえば民族）においてのみ通用する特殊なもので、他に及ぼしがたい。つまりは普遍的でない。」との記述がある。そして、普遍的という意味で交通信号は文明であるという。逆に文化に関しては、日本の婦人がふすまをあけるとき、両ひざをつき両手であけるようなもので、立ってあけてもいいという合理主義はここでは成立しえない。不合理さこそ文化の発光物質なのである、という。

すなわち、文明と文化とを、おおまかには合理性との観点で区別している。つまり、普遍的か否か、合理的であるかそうでないかで文明と文化で判断している。非常に明確で簡明である。その著書では、文化は不合理であり、文明は普遍的であるという表現が散見される。

文化遺産を保全するとともに、現在の文化をそれに付加して未来の人々に伝えようとする活動をしている筆者には、これとは少し異なる見解がある。「知の巨人」とも称される司馬氏の論に付言するのは憚《はばか》られるが、以下のように考えられないだろうか。

現代の文化遺産の保全と継承を考えるには、文化遺産を地震や集中豪雨あるいは戦乱などの災害要因から守るための技術が必要である。こうした技術は洋の東西を問わず、中世や近世にもあったであろうし、現代文明の一部でもある。また、文明とは各時代の利便性・安全性などに関わる技術の集積であり、総称であるとも言えよう。たとえば蒸気機関や産業革命を原点とする近代文明は、いろいろな技術の積み重ねの結果であるから、文明は決して一過性のものではなく継続性の高い事象であることになる。すなわち、技術の支える文明は合理性のみではなく、継続性が高いのである。

文明においても継続されないで衰退することは歴史的にはしばしば起きている。それは政治や軍事力の減退の結果として生じるものである。歴史的な意味での衰退は対抗する勢力や国との相対的な意味においてであって、文明を支える技術の衰退のせいではない。一度生み出された技術は、より高度な技術に置き換えられることはあっても、技術自体が消滅することはない。

文明と文化の違いを自分なりに整理してみよう。基本的には、文明とは時代を積み重ねて、技術が基本となって発展してきたものであり、時代を逆行することはないと考えてよいであろう。

二、文化遺産と社会

一方、文化は人間の精神活動や行為の積み重ねにより生み出されるものであり、複数の文化が集まり、それが時間の経過により、伝統という姿を取ることもある。そして、文化は時間とともに進化もするが、退行したり、廃《すた》れることさえある。

すなわち、本書で対象とする文化遺産に関する限りは、文明の基盤である技術は常に積重ねがあり、新しいものへと進化してゆくと考えて良いであろう。そして、古代であろうと現代であろうと人間が求める利便性と深く関わっている。そして、時間とともに緩やかであったり、突然変異的であったりしつつ、根源的には何がしかの物理的法則により次第に進化する。そして地域や国などの場所によって姿を変えつつ拡がってゆく。

一方、文化においては文化を紡ぎ出す人間の命は限られているから、その人に固有の文化は途絶えることは必然である。しかしながら、似たような文化は同時代に、そこかしこに集まり、重なり合うことで伝統文化が生まれる。そして、集合としての伝統文化が新しい文化を生み出し、人間が再生されて新しい文化が育つのである。そこには法則性もなく、時が進むにつれて予想外の変化すらありうるのである。

構造物の地震防災の研究者であった者が、文化遺産の問題に関わるようになって以来、文明と文化の違いを、一言ではどう言えばよいのかが長い間何となく気になっていたのだが、独りよがりであろうが、どうやら整理できた気持ちでいる。

すなわち、文明とは利便性に関わる技術の体系であり、文化は精神活動や行為に関わる現象や行動である。

二・四　宗教者と俗人の歴史感覚

京都にはお寺や僧侶を悪くいう人が多い。曰く、税金を払っていない、お坊さんを祇園のお茶屋で見かける、等々。どれも事実かどうかは別として、それは宗教者が清貧な求道者であるべきという偏った固定観念に基づいていて、一般の社会人との比較においての批判ではないだろうか。

また、宗教者としての僧侶が一般人には見えない良い面を持っていることを忘れた一面的な見方ではないだろうか。

清水寺の高僧と話していた時、将来の建て替えや修理の時に必要な用材の確保のために、山林を買って檜などを植えているのだということが話題になった。

そこで、その山林の所在地を尋ねたら、一か所ではないとの返答であったので、なぜ複数なのかと再度尋ねたところ、特定の山ではたとえもらい火であっても、山火事があって植林後二百年しか経過していなければ、再度植林をして使用できるようになるには、それから三百〜四百年待たなければならなくなる。したがって、一つの山では駄目であって、複数の山林が離れた場所になければならないとのことであった。結果的には四つの山を現有しているそうである。

危険分散を図っているのであって、これは一つの危機管理だと感心した。知識としてではなく、知恵としてのことであって、寺院の将来を、それも数百年という単位で考えているのだということを聞いて、宗教に関わる人々の時間の感覚は俗人のそれとは全く違うのだということを学んだ。

また、ある時に金閣寺から防災水利に関わる件で相談されて訪れたことがあった。庫裏は素人目にも立派な部屋であって、用材には節《ふし》が一つとして見つからないような部屋での用件の話を終えて、帰る時に執事長が玄関まで案内してくださった。

その時の、廊下での問わず語りの会話が耳に残った。それは、何と贅沢なものを作ったのだとお思いでしょうな、しかし自分たちは現代人が最高の材料と職人の技をもってすれば、どのようなものを作り得たかを後世の人々に伝えるために作ったのです、とのことであった。現在の利便性の追求や必要性のために作った品々や施設が結果として後世にまで残るものもあるであろうが、金閣寺の庫裏の例のように後世に伝えるということを意識して作ったものはそれほど多くはないのではなかろうか。

京都御所の中に、迎賓館が二〇〇五年に作られた。これも現代の伝統的和風建築物と内部の工芸品は第一級のものであり、世界に向かって誇りうるものである。そして、これを作った国は京都迎賓館を紹介して、「京都迎賓館は日本の歴史、文化を象徴する都市・京都で、海外からの賓客を心をこめてお迎えし、日本への理解と友好を深めていただくことを目的に平成十七年に建設されました。」と記している。

文字どおりに読めば、海外からの賓客を意識して作ったものであり、それは極めて重要なことであるが、ここには後世の人々を意識しているのではないことが明白である。

出来上がったものが、大変立派なものであり、後世までも残されて現代の文化のレベルを伝えるであろうが、後世のことを意識しているかという観点では、前述の清水寺や金閣寺の場合とは違うのではないか。

すなわち、宗教人の持つ時間感覚が俗人と違うということが、寺社では歴史的なものが多く遺されていることに通じるのではないだろうか。

二・五　文化予算の国際比較

現在の日本人は現代の日本の文化をどのように考えているのであろうか。日本の国が他の国々と較べて、文化に対してどれだけ重きを置いているかについての客観的資料がある。図3と図4は文化庁が二〇一五年に野村総合研究所に依頼して、各国の文化予算の絶対額ならびに国家予算に占める文化予算の割合を比較したものである。

二つの図のいずれにおいても米国が他国より数値が低いのには理由がある。米国ではボストン美術館やニューヨークのメトロポリタン美術館などの著名な美術館はすべてが寄付で運営されていて、国の経費は投じられていないからである。寄付をすれば税金から控除されるから、使途が自分の意に沿うとは

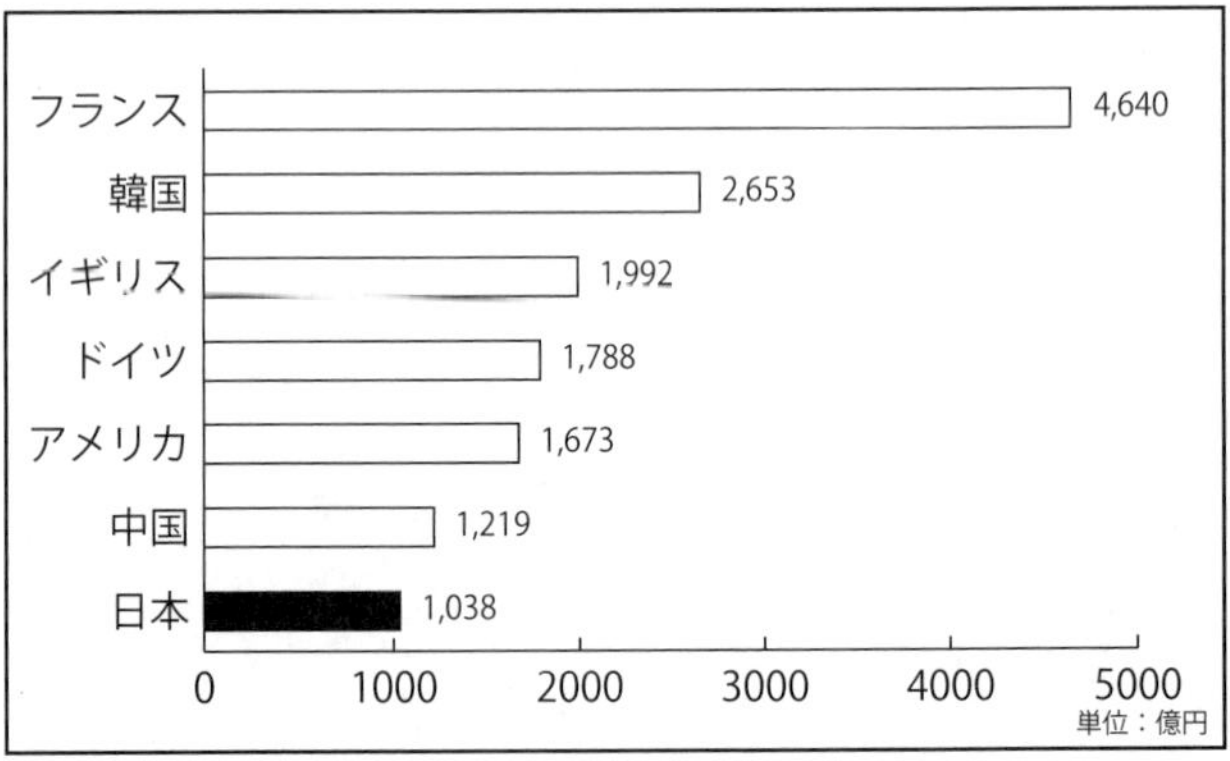

図3　文化遺産の国際比較（絶対額、2015）

限らない税金として納めるよりは、美術家や博物館に収めることで自分の意思を明確に活かせるからである。

これらの二つの図を見ることで気になることがある。

すなわち、韓国の文化予算の絶対額が世界一であり、国家予算に占める文化予算に比率においても第二位であることである。韓国の文化予算が大きいのは必ずしも国内での使用のみではなく、海外でも韓国は活発な活動をしているようであり、筆者の親しいメトロポリタン美術館の学芸員の言によれば、韓国はメトロポリタン美術館にも多大の経費を投じて、韓国に関する特別展なども開催しているという。しかしながら、こうした姿勢はごく最近始まったようであり、文化面での国際的な認知度を高め、

二、 文化遺産と社会

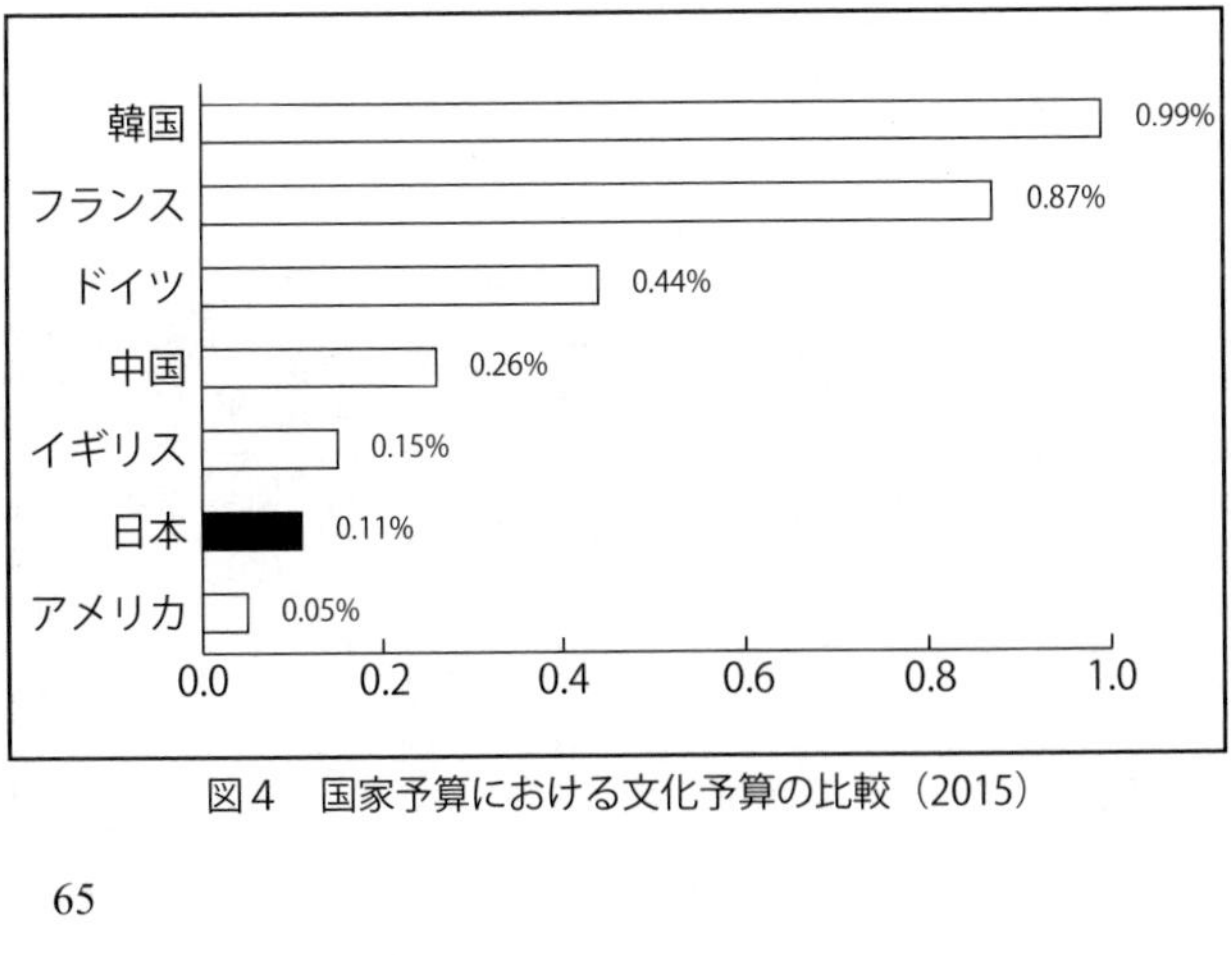

図4　国家予算における文化予算の比較（2015）

引いては国の威信を高めるという目的を持って始まったようである。ちなみに日本政府からのこうした活動は全く聞かないとのことである。

韓国と前後しているのはフランスである。

フランスは文化に関して意識の高い文化人が大統領に就任したり、大統領に就任した後で文化方面に高い配慮を示したり、いわゆる文化政策を押し進めることで、文化に対する意識が他の国々とは違うことを認知させることに成功している。こうしたことからフランスは古くから国民の文化に対する意識が高く、それを政府も強力にバックアップしていることは世界中の人々が知るところである。

これに反して、日本の位置づけはどうであろうか。図で扱われている七か国のうち、米国が前述のような特別な状況にあることを勘案すれば、日本は六か国の中で絶対額においても、国家予算に占める割合においても最低である。

こうした事実を日本人のどれだけの人が知っているのであろうか。国家予算との対比において、日本はフランスや韓国のそれらの一割程度でしかない。日本の〇・一一%とは一万円の税金を国に納めても十円しか文化関係には使われないのである。年間の税金が百万円の人であってようやく千円だけが文化予算として使われるに過ぎない。

日本の文化に関わる予算額は約千億円であるが、京都大学の二〇一三年の収支は一六五〇億円であり、立命館大学の二〇一五年度は一一四五億円である。日本の国が文化に関連するすべての分野に対して使っている額は、国立や私立の一つの大学の年間予算程度でしかないのである。広く「文化」に関わる国家予算の観点からは、日本はヨーロッパやアジアの先進諸国に較べて極めて貧しいと言わざるをえない。

これで日本は文化国家であると、胸を張って言えるであろうか。文化庁の一部が京都に移動することは二〇一七年度に決まったからには、これを一つの契機にして文化関係の予算の増強が望まれる。

ただ、ここで注意を要するのは国によって文化に関する予算と言っても観光やスポーツに関する予算も省庁の括りによっては混在していることである。

日本の場合は文化庁の年間予算であって純然たる文化関係である。韓国の場合には「文化体育観光部」と「文化財庁」の予算との和として発表されており、文化財庁としての予算は八百億円ほどであり、絶対額としてはほぼ日本と同程度である。しかし国家予算は二千三百二十億円ほどであり、国家予算との比率で表すと〇・三％となるが、国家予算は日本が大きいから、日本の〇・一一と比較すると約三倍になり、やはり韓国の方が大きいことには変わりは無い。

中国の場合はどうであろうか。

中国では「文化部」があって、これは日本では「省」に相当しており、二〇一六年度の文化部の予算は図3のように約千二百億円である。中国では博物館が約四分の一であって、次いで芸術発表団体、図書館関係が続いている。国家予算との割合も別の統計資料によっても先の図4程度である。中国は経済規模が世界の第二位であるから絶対額は日本より大きいのは当然としても、国家予算に占める文化予算の彼我の差がこれほど大きいとは多くの日本人は気付いていないのではないだろうか。

こうした統計に基づく数値を見ると、日本は文化に関して意識が低いということになる。これは多くの日本人が持つ文化の高い国だという意識とは大きな開きがあるのではないだろうか。しかし、ここには文化と文明に関しての日本人の大きな誤解があるのである。

現在の日本は世界でも有数の文明の進んだ国であり、図のような劣位は認められないと思っているのではないか。すなわち、日本が文明において他の国々において引けを取らないことは事実であろうが、それは文化においても同じであろうとの勘違いではなかろうか。文明と文化とは違うことに気づいていないのである。

日本の文化予算は他の国々に較べて寂しい限りである。それを裏づける事実が筆者の身近なところで起きた。

二、　文化遺産と社会

モニカ・ビンチックから本書の脱稿の前日に電話があった。彼女は現在ニューヨークのメトロポリタン美術館で学芸員をしている。ただし、五年間の契約職員である。十数年前に日本の国賓留学生として、京都大学に来た。当時はハンガリーの国立美術館の学芸員であった。専門は近世の日本の漆芸である。専門の勉強には古い日本語を読まなければならないし、礼儀や作法も多少は心得ていなければならないと考えて、伝手を頼って、書家である筆者の妻の書道教室の生徒になった。

帰国後に、筆者は海外出張した際、ブタベストに足を伸ばして、彼女の美術館を訪問した。残念ながら彼女が担当する日本の漆芸の展示は小規模であった。そこで、軽々しいとは思いつつも、現職を辞めてでも再度日本に来て勉強をし直して世界に羽ばたくべし、とけしかけた。

筆者には専門外の事でもあるから確たる見通しを持っての事ではなかったけれども、彼女の人柄と勉強熱心さは理解していたので、背中を押したのである。こうして来日してからは立命館大学の博士課程に入学して文学部で博士号を取得した。その間は筆者と妻が保護者としての親代わりを務めた。博士課程の三年間に日本の近世の漆芸の勉学を深め、その分野の著名な人達との親交も深めた。

大学院の博士過程を修了してしばらくの後に、曲折を経てメトロポリタン美術館で期限付きの学芸員としての職を得て現在に至っている。しかしながら、期限付きの学芸員では期限切れとなった時の身の振り方が、ハンガリーを出るように背中を押した者として心配の種であった。

ところが、過日、電話でビッグニュースを伝えてきた。約一年ほど前から手掛けていた日本の竹細工に関わる美術展をメトロポリタンで開催することを任されて、作品の貸借などの交渉に何度も来日していたが、そのたびに「ただいま！」と言って我が家を訪れていた。努力のかいがあって、半年間にこの展覧会に実に四十三万人もの入場者があって、竹作品の展示を要請したアメリカ人のコレクターが、メトロポリタンに彼女のためのポジションを寄付したとのことであった。日本の大学であれば「寄附講座」である。しかも期限無しであるから、本人の言うには、これで死ぬまでメトロポリタン美術館の学芸員を続けられる、とのことである。

アメリカの文化に関わる国費がどの国よりも低いけれども、それは寄付が多額にわたるからであると述べたが、一日本人の筆者の身近なところですら、起きているのである。あとは、推して知るべしである。

すなわち、文化をも含めた文明においては、日本は世界でも有数の文明国であるが、それを文化大国と誤解しているのであろう。文化だけを取り出せば極めて貧しいとしか言えないのである。諄《くど》いようであるが、日本の文明は豊かであるが、文化においては他の先進諸国に比べて貧しい国であると断じざるを得ない。

二・六　国宝内での松明

奈良の東大寺の「お水取り」は、関西では、これが終わるまでは春が来ないと言う。まさしく寒さの最中でもある三月十二日に行われる行法を、数年前に誘われて参観する機会があった。ここでも宗教者の時間の感覚が通常人とは全く違うことを体験することになった。

正式には「修二会《しゅにえ》」といい、例年、三月一日から十四日まで本行が行われ、終わるころには冬が明けていることから、春を告げる行事ともいわれる。

修二会は十一名の選ばれた僧（練行衆）によって行われる法要であり、これが行われるのが二月堂と呼ばれる法堂である。二週間の間にいろいろな行事があるが、その中心となるのは十二日の真夜中から明け方まで続く行であり、著名なのは達陀《だったん》の行法と、十二日から十三日未明に行われる「水取り」の行法である。

二月堂はそれほど大きなものではなく、正面が七間、南北が十間すなわち十数メートルずつほどの建物であり、その一部に須弥壇があり、これを取り巻くように内陣とその外側に外陣がある。その外側の屋外に舞台があり、高欄が取り巻いている。二月堂の正面舞台で数メートルほどもある大きな松明《たいまつ》を何人もの僧が走り回って高欄の外側に火の粉を振りまくのが、観光行事ともなっており、下から見上げている見物人はこの火の粉を身に受けることでご利益があると信じているのである。


十二日の真夜中にはお水取りも行われるが、圧巻は内陣、外陣で俗人にも拝観できる達陀《だったん》の行法である。筆者は縁があって内陣に入れたが、ここは須弥壇を取り巻く場所であり、合計で確かではないが二十～三十名ほどしか入れない場所である。その周りを外陣が取り巻いており、ここも同程度の人しか入れない。ただ、内陣は男性のみであって女人禁制であった。この内陣と外陣の境は脛から下ほどの格子で仕切られているのみである。したがって、内陣と外陣とには大きな差異はない。

須弥壇と内陣の間には狭い空間があって、そこでは僧侶の読経と須弥壇の周りを歩く沓音がずっと聞こえてくる。そして歩きながら、須弥壇なのかそれに付随している別のものかは判然としないが、鉛直の軸の周りで回転できる沢山の鉛直の短い棒を、僧侶達が歩きながら手で触れて回しているらしい音が聞こえてくる。その音から、筆者がかつてネパールを訪れた際に、屋外にある極彩色の須弥壇とその周りを一般人が上記のような回転する棒に触れて回しながら、須弥壇の周りをぐるぐる廻っていた様子を思い出していた。ネパールとチベットは極めて近いから同じ文化を共有しているのである。どうやら筆者には見えない須弥壇では似たようなことが行われていると想像できた。

この状態は翌日の早暁まで続いた。冬の真夜中で灯や暖房のない中での出来事であるから、内陣と外陣にいる我々にとっても一種の行であった。

そして十分か半時間に一度くらい木沓《きぐつ》を履いた比較的若い僧が須弥壇から出てくる。そして短い読経の後、内陣と須弥壇の間に敷いてある幅の広い板の上に、立った姿から大きな音とともに横に倒れるのである。まさに、チベットやネパールなどで見る巡礼の五体投地である。違うのは倒れる場所が巡礼は土の上にうつ伏せに倒れることである。五体投地の様子はテレビか映画で見た記憶があったので、二月堂のは倒れる体の向きが九十度違うだけで、他は同じなのに驚かされた。

五体投地はチベットで宗教行為として広く行われているようである。合掌して、両手・両膝・額を大地に投げ出し、うつ伏せになり、その後立ち上がるという動作を繰返すのである。寺院の外でも行うが、一般的なのは、巡礼がその途中で道に体を投げ出している行為である。二月堂でのそれとは全く同じではないが、チベットの仏教では身体全体を投げ出すのは最も敬虔な礼拝のようである。では、どうしてこのような行為が宗教行為なのか、なぜこうするのか、というようなことを考えながらしているのだろうか。俗人の代表のような筆者には理解の難しいところである。

そして、千年もの間に変化することもなく続けていることには、必ずしも合理性も感じられないが、それが文化なのではないだろうか。文化とされるものには、現代でも合理的な説明のできないことが多々あるのは誰しもが認めることである。

日本の仏教では禅宗や真言宗では三礼ということが行われるそうである。これは正座をしてから手を前方に伸ばして、額を床につけるから、チベットなどでの五体投地とは異なるものである。また、チベットでも屋外で行われているのは、立った状態から土の上に膝をつき、その後地上で日本の三礼と同じ形の礼拝をしている。また、チベットのような五体投地は中国や朝鮮では一般的ではないから、どのようにしてチベットでの五体投地の礼拝形式が東大寺に達したのであろうか。それも西暦七五二年以来途絶えたことがないとのことであるから驚く。歴史的には京都のみならず奈良でも宗教上の対立や為政者との紛争があり、廃仏毀釈のような全国規模での異変に際しても、一日として絶えることがなかったということは、驚くべきことである。宗教行為の底深さを実感することである。文化には文明のような理屈は要らないのであろう。

二、 文化遺産と社会

チベットの寺院では屋外にある須弥壇の周りで、回転する沢山の棒を手で回しながら読経をしているのは僧侶ではなく一般の信者のようであった。それが少し形を変えてはいるけど、千三百年近く前に日本に届き、東大寺に保存されているのである。思うに、この東大寺の五体投地は東大寺で考え出されたものではなく、礼拝の形式として伝わったのであろう。そこには、東大寺の華厳宗の大本山としての教義も含まれているであろうが、基本的にはチベットの仏教の礼拝形式がほぼそのままの形で保存されているのは、やはり宗教における時間の感覚が現在のそれとは違うことと、理屈抜きの形式を守るという観念において、現代の俗人のそれとは全く違うことに驚かされるのである。

さらに、筆者のように文化遺産の防災問題を専門分野の一つとする者には驚天動地とも言うべきことが達陀の行法の中で行われていた。それは一回の五体投地と次の五体投地の間に、比較的若い僧侶が須弥壇の囲いの中から内陣との間に現れて、火の点いた松明を振り回すことであった。火の粉があちこちに、パチパチという音を立てて飛び散るのである。松明は外の回廊から下にいる参拝者に振りまくものに比べて小ぶりであったと思うが、多分杉の木の葉をまとめて縛ったものであろう。燃え盛り、火の粉を振りまく松明を狭く閉じられた木造の空間で振り回すことに驚いた。

何しろ二月堂は国宝なのである。国宝の狭い堂宇の中で燃える火を激しく動かしているのである。そして床に落ちるのは火の粉だけではなく、まだ火の点いた杉の葉もあるが、これは掃き集めて、所々にある床の上の開口部に落としていた。ここは不燃物で出来ているのであろう。

現在の日本で、そして国宝の中で火の点いた可燃物を振り回すということは、今から始めるとなれば決して許されることはないであろう。二月堂は比較的最近になって国宝に指定されたとのことなので調べてみると、二〇〇五年であった。東大寺は歴史的には、一一八〇年の平家による焼き討ちで多くの堂宇は焼亡して再興されたけれども、二月堂は焼けていなかった。ところが皮肉にも一六六七年のお水取りの際に失火で焼亡して、徳川家綱が再建したということで、二月堂は東大寺の他の堂宇よりは新しいため、国宝の指定が二〇〇五年まで遅れたのであろう。

二月堂が新しく国宝に指定されたからと言って、国が火災に関わる法により、可燃物の屋内での使用を禁じようとしても、東大寺とすれば、一二五〇年以上も前から行っている宗教行事を、ごく最近になって国宝に指定したからと言って中止せよというのは無理な注文と受け取るであろう。東大寺は国の所有物になったのではないのであるから、二月堂の宗教行為に関して現代の法律で宗教の根本に関わる事柄を縛るのは無理であろう。何しろ、千二百五十年間休まずに続けてきたという重みがある。宗教行為や宗教人の行為は、現代の俗人や国が対象とする時間とは桁違いに長い歴史を持っているのである。

三、文化遺産は不死鳥

三・一　京都の五十年前、百年前の写真

「明日の京都　文化遺産プラットフォーム」の現行のパンフレットの表紙の見開きに、百年前に東山山麓の八坂神社西楼門から西方向を撮った写真を載せてある。八坂神社の石段を上がって楼門から西を遠望した写真である。（写真1）

これは「明日の京都」のパンフレットを作るに際して、五十年、百年後の京都のための活動をしようとするからには、過去の京都を振り返って、同じ年月を将来に向かって折り返して考えることも重要であろうとの考えで載せたのである。さらに「あなたは百年後の京都の姿を想像できますか？」と挑発するような説明をつけた。言外に、非常に難しいことだと言いたかったのである。

この写真を見て誰もが持つ第一印象は、当時の四条通りは何とスッキリしているかであろう。特に北側はずーっと家並みが続いていて、二階建ての木造の建物がほとんど同じ高さで揃って見事に瓦屋根が続いている。そして南側には周囲の家屋より少し高い建物があって、二階の

屋根の上に望楼がある。そしてほぼ百メートルごとに電柱が立っている。これは明治四年に京阪神間に電信が開通して、市内にも既に電柱が所々はあったようである。

もう一つ大切にしている京都の写真集がある。浅野喜一氏による昭和十二年から昭和四十七年までの百余枚のモノクロ写真が載っている京都書院発行の写真集「古都」である。当時の記録として貴重なだけでなく、写真そのものの美しさ、雰囲気が漂う写真集である。撮った場所と日時だけを記してある。撮影時期が自分の過去に重なる者にとっては思い出のつきない写真集である。

一九五五年頃の祇園祭の写真で驚かされるのは、見物人の服装である。長刀鉾を先頭とする鉾

写真１　百年前、八坂神社から四条通りの西を望む
淡交社「写真集成 京都百年パノラマ館」（平成四年発行）より転載。

と山が四条通りを東行する写真に写っている見物の群衆はギッシリと詰まっている。ほとんどの人は白いシャツの男性である。イロモノらしいのはほとんどなく、女性もパラソルの人がパラパラと混じっているくらいで、一目で外国人であると判別できる人は見つからない。

同じ写真集の祇園祭の行列の写真に写っている大きな看板の多くが銀行、生命保険などの金融業のそれである。そのほかのものも多少はあるが、数が少ないのと小さな看板であるからほとんど目に入らない。京都市は現在景観政策の一つとして、屋外広告物の規制に関わる事業を進めていて、二〇一七年の段階においても数年前に比較して見違えるほど改善されている。それでも、一九五五年（昭和三十年）の祇園祭の際の写真に比べると、いかに現在の広告物が景観を害しているかが明瞭である。そして、当時の写真にも写っている金融関係の大きな看板を外したら、どれだけ京都の街がスッキリしていたかが、誰もが一目で理解できるのではないか。

看板が無くても京都の住人はどこに行けばどの店があるかをおおよそ知っている。京都の外からの日本人観光客には日本語の案内地図を、外国人にも同類のものを用意すればすむことである。ローマ、パリ、ニューヨークなどに行っても、目にするのは店の外に表示している小さな標識だけである。

この写真集では、上賀茂神社から流れ出ている一九五九年当時の明神川のきれいな流れが目に止まる。ここは社家町として伝統的建造物群保存地区に指定されており、集落の在り様が保存されていて、社家町が形成された当時と現在の地域の状態とがほとんど変わっていないのである。歴史遺産を毀損しないで後世につなげるのが現在の京都人の使命であるなら、写真が撮られてから五十五年以上経っていても、近代化の波や高度成長期を経ても変わらぬものがあることを知り、文化遺産を後世に遺してゆく上でのヒントを与えてくれていると思う。

ただ、こうしたことが住民の犠牲の上に成り立っていることも忘れてはならない。例えば、社家町では明神川の上に架けた幅の狭い石橋を渡って屋敷に入るから、自宅に車庫は持てない。公益事業に対する私人の我慢の例である。

三、文化遺産は不死鳥

京都に限らず、観光地における電柱と電線は背景を損なっている。西洋の観光地で電柱を目にすることは極めて稀であり、都市から遠く離れた郊外の人里離れた道端にしか目にしない。京都市の桝本前市長は選挙時の公約として電線の地中化を掲げていた。現在では少しずつ地中化が進んでいる。観光客などの多い地域から順に進んでいる。しかし、京都市の二〇一五年度の実績は六十一・一キロメートルに過ぎない。二〇二〇年度になっても六十三・三キロメートルである。京都市内全域の地中化の目標からは程遠い。

電線の地中化は、その地域を眺めたり、訪ねる人が当該地域の美観を楽しむためのものであり、家の中にいる住人にとってはほとんど得るものはない。地元の住民にとっては益することはないのである。こうしたことは東山消防防災利水システムの項においても述べるとおりである。

京都市今昔写真集（樹林舎、二〇〇八）には大正年間から一九七〇年ごろまでの京都の風景や風物を写真として遺している。その写真の中で電柱が目につくのが、一九七〇年に市電の羅城門跡の近くから九条通りを東に向かって撮った写真である。東寺の五重塔を中心にして、望遠レンズで撮られているため、電柱が密に写っていて、写真の主題が五重塔よりは電柱であるかのようにみえる。一つの五重塔の写真に十本以上の大きい電柱が写っているのである。

遠くの東寺の五重塔を引寄せて撮ろうとする人には全く邪魔な夾雑物《きょうざつぶつ》でしかなく、写真を撮る意欲を失ってしまうであろう。そして同じページに二〇〇八年の写真も載っているが、残念ながら五重塔よりは電柱が目につく。

この写真集には何十年か前と二〇〇八年の情景を比較する写真がいくつも対比されているが、被写体の周辺は変貌している場所でも、電柱だけはあまり違わず、中には数十年を経ても何らの変わりがないものも見られる。

このような意地の悪い目で二冊の写真集についても見直すと、写真としては邪魔な電柱が多数写っている。シャッターを押す際には極力視野に入らないようにしているであろうから、主な被写体の近くになくても、離れたところには目障りな電柱が何本も入っている。

四条通りから南に向う花見小路は花街としての祇園の表通りであるが、数年前に電柱が地中化されて、大変スッキリした。電柱のあった頃と較べると、空が見えて道が広くなったようにすら感じられる。

三・二　京都の文化遺産は不死鳥である

奈良の法隆寺が世界文化遺産に登録されたのは一九九三年であり、日本で最初である。約千三百年前に建立されたことも広く知られている。建立された六七〇年の数年後には境内の多くが焼亡したが、七一〇年に再建されて以降は全伽藍が焼亡するような大きな火災は起きていない。このため、一般には法隆寺は建立以来火災に遭っていないと思われている。一方、東大寺は戦乱で、特に鎌倉時代には大仏までもが火災に遭っている。

京都では一九五〇年（昭和二十五年）に金閣寺の金閣が全焼したが、その他の数多くの文化遺産、特に国宝や世界文化遺産などの建造物は創建以来法隆寺と同じように、焼亡の経験はないと思われている。しかし、全くの誤解であって、現存する重要な文化遺産としての建造物で火災に逢っていないのは極めて限定的であり、ほとんどの木造建造物は焼亡してはいるが、先人の努力によって再建・復元されて今日に至っているのである。

図5は京都にある木造の重要建造物の被災史である。図中の着色が濃い部分は人災としての火災に遭って焼亡していた回数を表しており、薄い部分は洪水や土砂崩れなどの水が原因となった災害である。火災は地震や失火などによるものを含めている。

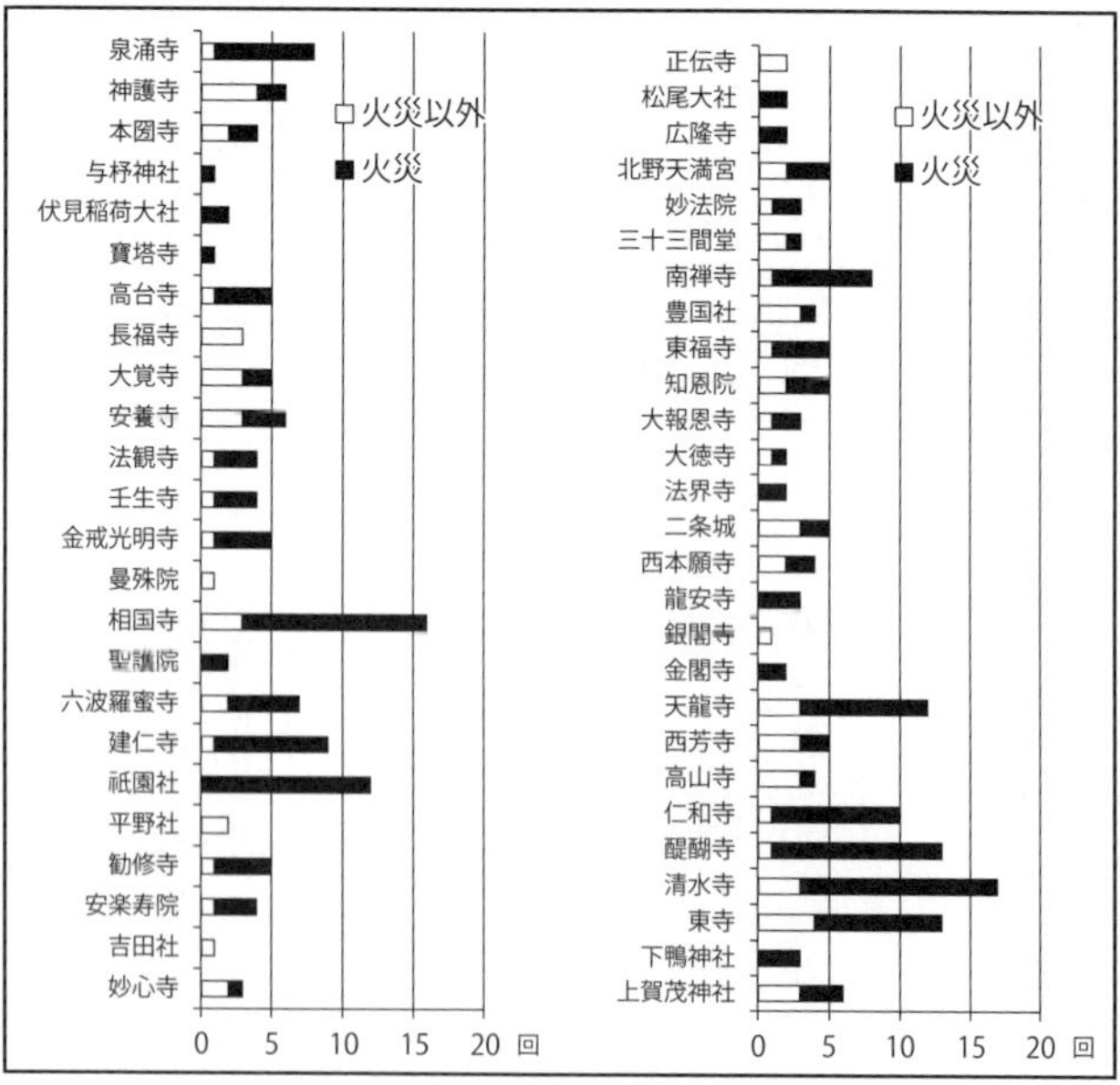

図5　寺社の災害歴

火災の中で最も多いのは人災とも言うべきものであって、戦乱時に於ける放火の類である。

これに次いで多いのが落雷によるものである。最もよく知られているのが、現存しないが岡崎の法勝寺の八角九重塔である。東寺の五重塔より三十メートルも高い八十一メートルであったようだが、落雷で焼亡している。相国寺の七重塔は実に百九メートルもの高さを誇っていたようであるが、これが災いして一四七〇年に落雷により焼失している。

御所などは二十回ほど火災に遭っており、多くは戦乱に伴うものであり、当時の兵士による放火の類が主な原因であろう。また、清水寺などは二十回近く災害にあっているが、火災のみならず近隣の山からの出水や土砂崩れなどでも被災している。

三、 文化遺産は不死鳥

京都の重要な木造建造物で創建以来火災に遭っていないものは非常に数が少ない。国宝や重要建造物の中で最も古いのが千本釈迦堂（大報恩寺）である。

図5では数回の火災に遭っているが、いずれも本堂以外の建物であり、本堂には一度も火が及んでいない。この本堂は鎌倉時代初頭の一二二七年に建立されている。平安京が七九四年に造営されたことを考えると、旧市内に現存する最古の国宝建造物の建立としては、一二二七年はあまりにも遅すぎる。平安京の開闢《かいびゃく》以来、平安時代には重要な建造物がなんら創建されなかっ

たように見えるが、事実は平安時代の創建になるものの多くは室町時代の応仁の乱の頃に焼亡して現存していないのである。

図5の災害回数は火災と水害を合わせたもので、清水寺、相国寺、醍醐寺、東寺は二十回に迫っている。平安京の内裏は創建以来十四回も消失・再建を繰り返した後、一二二四年からは里内裏と呼ばれる公家宅などに天皇が移った。これらも市中にあったため戦乱に遭い、天明の大火に際しても消失している。一三三一年に現在の京都御苑の場所に移ってからも火災に遭っている。内裏や御所は天皇の居所であったから、政治的な紛争の度に放火の類があったものと考えられる。

相国寺の火災が多いのも、現在の御苑に近接する場所にあることから、御所の火災による貰い火もあったろうし、境内が広かったため各種の政治的紛争の度に放火などの火災が多発したのであろう。また、廃仏毀釈以前は相国寺の境内は現在のものよりはるかに広く、東は鴨川まで及んでいたから、鴨川の氾濫が境内にまで及んだ結果、水害もあったであろう。

東寺では水害も多い。場所が京洛の南外れに近く、低地であり鴨川にも近いことから鴨川の氾濫が土地のより低い西側にある東寺に及んだのであろう。図中ではこの東寺が水害に遭った回数が神護寺と並んで最も多い。図12（一八三頁）に示すように、お土居は東寺のところを無理に取り込んだ形になっている。お土居の中に東寺を囲い込むことで、水害から守ろうとした可能性が高い。

京都の寺社は多くの戦乱があったため、地方の寺社よりも火災に遭う頻度が高かったのは間違いない。それは図5が示すとおりである。この図で現存する寺社の災害の回数が多いことは復興の回数も多かったことを意味している。寺院の場合であればいくつもの塔頭がある。それらの一つが消失しても一回と数えているから、この図の災害回数は寺社全体の被災とは限らない。

行願寺も一二、三回の火災に遭っている。この寺院は一〇〇四年に現在の京都御苑の少し西に創建されている。まち中であったから、応仁の乱その他の戦乱においては、その度に火災に遭った。その後、秀吉によって京都御苑の東に移転させられているが、お土居の建設の際に多くの寺院を鴨川の右岸沿いに集めて羅城の代用として使っており、その一つであったろう。祇園社も十回以上火災に遭っているが、所在地は現在の八坂神社の場所であるから市街での戦乱に際しての火災に遭うことは避けられなかったはずである。

このように京都の寺社は数多く災害に遭っているが、災害の回数だけ復興しているものもある。なぜ京都の寺社は復興が可能であったかに興味がわく。それは京都の寺社の中には天皇や皇族の帰依を受け、皇族や公家が住職を務める門跡寺院がある。これらは公的な支援を受けられるから、火災などに遭っても再建が比較的容易であった。また、祇園社は前述のように十数回の火災に遭っているが、廃仏毀釈の前の祇園社は、公家や武家からの財政的支援を受けてきており、室町時代以降は経済力をつけた町衆の支援を受けていたことは、祇園祭のありようからも伺える。

燃えては再建、これを二十回も繰り返すことは、それほどたやすいことではない。京都が長い間政治の中心であり続け、皇族や貴族の帰依を受けたことが大きな理由であろう。ついで武士階級が力を持つに至っても、争いは京都に覇権を立てることが目標であったから、京都の寺社を前面に立てることで自分たちの正当性を訴える手立てにもなったであろう。

このようにして、倒れても焼かれても立ち直ることが可能であったのであり、これが京都の文化遺産を不死鳥と言う所以である。

三・三　東山消防防災水利システム

高台寺は豊臣秀吉夫人の寧々さん所縁のお寺として広く知られている。境内を横切る形で

「寧々の道」が東山の山麓に平行する形で南北に通っている。この道の地下には直径三十センチのポリエチレンのパイプが敷設されており、南は清水寺へ、そして北は八坂神社まで繋がっている。これが東山消防防災水利システムである。

一番高い地点である清水寺の子安神社近くの地下に千五百トンの水が貯えられており、最下点が八坂神社近くの円山公園である。高台寺脇の京都市の防災公園は中間地点であるが、ここにも千五百トンの地下の貯水槽がある。すなわち、この地下の消防システムは、近辺の文化遺産のみならず、一般民家での火災が発生した時の消火活動を可能にするために二〇一一年に設けられた消火・防火のための消防防災水利システムである。祇園町や東山通で火災が起きれば、登り窯のように火災は東山の山腹を上へ上へと燃え上がる。そういった状況では完成した環境防災水利システムが防火と消火に大きな役割を果たすと期待できる。

三、文化遺産は不死鳥

このシステムの発端は、内閣府が組織した「災害から文化財と地域を守る検討委員会」でのケーススタディである。委員会では「ＮＰＯ災害から文化財を守る会」が進めてきた文化財防災の問題を内閣府が取り上げ、約一年間に亘って地震後に起こる火災から文化遺産を守ることの意義と必要性、その実現のための議論を重ねた。これは文化遺産と防災という全く異なる分野の間に横たわる重要な問題であり、両分野が関心を示さなかったテーマであることが認識された初めての機会であった。また、文化財を地震火災から守ることの重要性を認識した場であり、その報告書の最後にはこれが文章で示され、国としてのこの分野の重要性をはじめて公式に認めたのであった。

この委員会では文化遺産防災に関するケーススタディを二か所で行った。東京の柴又の帝釈天ならびに京都の清水寺から産寧坂周辺に関するものである。

前者は山田洋次監督によるトラさんの映画で広く知られたところである。この件については東京では全く反応がなかった。

一方、京都の東山方面についてのケーススタディには京都市が関心を示し、対象とした地域住民の人々をはじめ清水寺も協力的であった。そこでケーススタディに基づいて、検討対象地

○ 整備概要図

項目	事業
事業年度	平成18〜22
事業費	約10億円
耐震型防火水槽	高台寺公園 1,500トン 清水寺境内 1,500トン
送水ポンプ	1基
ポリエチレン配水管	2,060m
市民用消火栓	41基
消防隊用消火栓	19基

図6　東山消防防災水利システム

域で火災が発生したときに燃え広がらないようにするためには、どのような施設をどのように配置するか、また観光地であるから景観に配慮することも重要な視点として、地域住民の人々とＮＰＯとが協議を重ねた。もちろん、京都市も重要な協力者ではあったが、この時点では裏方に徹していた。

こうして数年で計画案が完成して、これを京都市への正式の提案とし、これに基づいて桝本市長が国に予算化を申し出た。国はこれを京都市の事業として認めたが、計画案を実現するには事業費が不足であったので、国土交通省と消防庁とが支援して、合計十億円余の経費で五か年をかけて完成した。（図６）

三、文化遺産は不死鳥

当時、桝本市長の公約により清水寺から、産寧坂、二年坂あたりの観光地での電柱の地中化という事業が進んでおり、電線のみならず電話線なども含めた共同溝の掘削《くっさく》が進んでいた。しかしながら、防災用の管路はそこには入れられないから、五年待って再度防災専用の地中管路を敷設するように、との指示が地中化事業を進めている京都市の他部局からあった。しかるに、防災用の管路を地下に敷設する計画が住民の知るところになった途端に、電柱の地中化もさることながら、火災対策としての地下管路も重要であるとの声が後押しとなって、電線の地中化のプログラムと合流されることになった。

地下に管路を埋めるだけが目的ではなく、地震とは関係のない通常の火災時にも活用することが必要であるので、消防自動車用の消火栓も貯水槽の地表面に設置された。

これとは別に、各所に消火栓が設けられている。それらは通常の消火栓ではなく、地下の管路に直結する消火ホースに繋がっている。このホースは布製であって水圧のかかっていない時は、薄く平たくなっていて、コンパクトに巻き取ることが出来る。これを一メートル四方、厚さが二十センチほどの木箱に入れて、清水寺から八坂神社に至る通路の各所に設置されている。設置場所は住民や観光客の通路でもあるから、景観に配慮したものでなければならず、周囲の美観にマッチしたものに仕上げられている。また、このホースは放水時の反動が小さく作られているから、女性や老人も使用することが可能である。これにより、小さな火災であっても近くにいる人による初期消火が可能であって、東山山麓にある文化遺産が大火に見舞われることを防ぐことを目的に行われた事業である。こうした文化遺産の防災という明確な目標を持って行われた事業は世界にも類を見ないものであろう。その故に、この施設には訪問者が後を絶たない。そして、デモンストレーションや地域の住民が慣れておくための訓練・演習・練習などもあって使用頻度は高く、道路上を引きずることになるのでホースの傷みが早いのもメンテナンスを担当する消防局にとっては嬉しい悲鳴となっている。

このシステムの特徴は、水圧の確保のために商用電源や自家発電装置によるポンプを使わないことである。これは大地震の後は停電しているから、商用電源は期待できない。また、自家発電装置はエンジンにより発電を行って、その電力でポンプを作動させて水圧を高めるのであるから複雑な機械系となっている。強い地震動を受けた後もこれらの機能が確保されているとは限らない。最も確実なのは重力である。水の自然落下を利用することである。すなわち、水源は対象とする地域の最も高い場所に貯水槽を設けることである。

この観点からは清水寺の境内の地下貯水槽は最適な場所と言える。もう一つの水源としての高台寺の脇にある地下貯水槽は清水寺よりは低く、貯水槽の近くには自家発電装置を使ったポンプが設置されている。したがって、清水寺からの自然流下と高台寺脇でのポンプ加圧によって全体のシステムが作動しているのである。

また、二つの貯水槽への水は周辺山林の渓流の水と水道水とが併用されている。すなわち水源は雨水と水道水である。このシステムの地下貯水槽は近隣の寺社の消防訓練に際しても使用されている。

写真2は高台寺の近くにある八坂の塔での水膜形成テスト時のものである。こうしたシステムは複雑なシステムでは強い地震に際して機能が確保されていることが難しくなることから、可能な限り単純な方式をとっている。したがって、写真に見るような水膜形成についても、こ

のシステムから高台寺境内への管路は人の手でバルブを開くことになっている。最も確実な方法である。

八坂の塔は建仁寺の塔頭の一つであるが境内と離れた所にあり、ここは細い道を隔てて密集する人家に囲まれていて、一度火災が起きれば間違いなく火の海に漂うことになる。

そのため以前から地下の貯水槽を有しているが、それは塔の敷地内からの出火に備えたものである。同時多発の大規模火災が近くで起きた場合には長時間に亘って延焼を防ぐ必要があり、貯水した水量は十分ではなく、東山防災水利システムの活躍の場となるであろう。

写真２　八坂の塔での水膜実験

三・四　本願寺水道

本願寺水道は部分的な損傷のため現在は送水を中止しているが、施設としては基本的に健在である。ＮＰＯ活動の初期の二〇〇三年頃であったが、講演の中で本願寺水道が文化遺産防災に関して持つ意味を話したところ、テレビ局が興味をもって取材を申し入れてきた。テレビであるから動きのあるものが良かろうということになって、東本願寺の門前の噴水から水を出すことになった。当時はまだわずかながら送水が行われていたので、噴水に通じるパイプのバルブを開くと噴水から水が吹き出した。

百年以上前にフランスから鉄管を輸入して、地下の埋設管路として造られた地下送水管路であるから、すでに錆により鉄管の断面積が減っていて水圧は低下してしまっている。噴水の高さも数十センチ程度までしか上がらなかった。しかしながら本願寺水道は今もなお「生きている」ことの証拠であった。

撮影当時は水圧が低いから御堂の屋根までは届かなかったが、送水管路としての機能は残っていた。だから水道水や雨水とともに、地下にある貯水槽への水源の一つにはなっていた。本願寺水道の完成から百余年の間に、このような大規模な消防施設を自らの手で構築した寺社はどこにもない。

東本願寺がそこまでして本願寺水道を作ったのには明確な理由がある。それは度重なる火災の歴史を持っているからであり、それを繰り返さないという強い意思を持っていたからに他ならない。

一六〇二年に徳川家康が土地を寄進し、ここに西本願寺から分離して信徒が東本願寺を建立した。しかしながら、一八六四年の蛤御門の変で全焼するまでに四度にわたって大火に見舞われている。

二百六十年間に四度とは平均しても七十年に一度の割合になるが、十九世紀には一八二三年、一八五八年、一八六四年と四十一年間に三度立て続けに火災に見舞われている。特に最後の二回は六年しか経っていない。これではなんとか手を打たねばならないという気になるであろう。しかし、皮肉なことに、それ以後百五十年ほどは大火に遭っていないのである。

東本願寺の過去の火災の歴史を見れば、琵琶湖疏水ができて格好の水源が確保できたのであるから、これを活用して消防施設を作るには格好のタイミングであった。

本願寺水道のような施設が、その後京都の町家や文化財を火災から守るためにできなかったのは、ひとえにその気がなかったからでしかない。百二十年も前に一つの寺院がしたことを、その後の百年もの間、京都人が町全体のためにやろうとしなかったのはなぜなのだろうか。

その間、世界第二次大戦もあり、決して世の中が平穏ではなく、大きな変革もあったから、それにかまけたかも知れない。しかし、高度成長期と称される時期や国土改造などの国による大号令があったにも拘わらず、文化遺産を守り育てるという機運がなかったと言うしかない。経済的な発展が何よりも重視されたから、文化財や文化遺産の創造と継承が軽く考えられたのである。

三、　文化遺産は不死鳥

この東本願寺水道については、**四・五**で述べるライオンズクラブから提供された経費で実施した文化遺産の防災に関するアイデアコンペの第一回の最優勝を獲得した早稲田大学の大学院生のグループによる提案があった。この提案はその気があれば、すぐにでも取りかかれる提案の一つである。

すなわち、本願寺水道の埋設されている道路で十メートルほどの人の歩かない箇所に、数メートル幅で深さが人の丈ほどのトレンチを掘って水道管を視認できるようにする。そして地下の管を切断して、断面の半分は現在のままにし、残りの半断面には硬度の高い透明なプラスチック製の管の半断面につなぐことで、トレンチの中から百年前の地下管路とその内部を水の流れる様子が観察できることになる。地下に埋設された鋳鉄管は、口径が三十センチメートル、長さ〇・六メートルほどのものをつなぎ合わせており、全長は四千六百メートルほどであるから、合計一万本余になる。これほど多量のパイプをフランスで購入して運んで来るためには莫大な費用を要したであろう。これを直接に目で見られるようにするのが学生の提案である。

この本願寺水道は、現状のままでは将来の消防システムに組み込むことは出来ない。なぜならば、管路の内部が錆びで断面積が小さくなっていて、水圧が上がらず、消防施設としては使えないからである。そこで管路の錆をできるだけ除去したのち、ポリエチレンの管を鉄管の中に差し込む、いわゆるパイプ・イン・パイプという技術で本願寺水道の疎通能力を高める。これにより本願寺水道が生き返るのである。

この事業が始まれば東本願寺だけではなく、本願寺水道の始点である蹴上から東本願寺までの沿線の重要な文化遺産をも救うことができるから、東本願寺の事業ではなく京都の町全体を対象とした事業であることが望まれる。すなわち、後述の御所水道、場合によっては御所用水とも組み合わせることで、京都の町全体の対火災能力を高めることが可能になる。現時点では実現できていないが、これについては次節にゆずる。

国や国民が、国全体に関わるような問題において、どのような姿勢で望むかで結果が如何に変わるかという事例として、戦後の洪水対策が挙げられる。

第二次大戦による国土の荒廃により、わが国は毎年のように洪水災害に見舞われ、毎年千人にも達する死者さえ出ていた。これに対処するために国は改良復旧を旨とした。すなわち復旧に際しては元の状態に戻すのみではなく、被災時よりもより強靭な河川にすることを基本としてきた。

それゆえ、一九五九年の伊勢湾台風以後は大災害となることは無く、改良復旧を基本の理念としたことが直接・間接的な原因となって河川災害は急減した。

三、文化遺産は不死鳥

これに反して、幸いにも地震については一九四八年の福井地震以後、一九九五年の阪神淡路大震災までの五十年近くは大きな地震に見舞われることも無く打ちすぎてきた。この間には一九六四年の新潟地震、一九七八年の宮城県沖地震などもあったが、それらの影響度は限定的なものであった。液状化現象の認識や各種構造物の耐震性の向上を目指した新耐震指針の設定などもあったが、二〇一一年の東日本大震災までは、津波の問題や原子力発電所の安全性についての論議とマグニチュードが九・〇に達するような巨大地震の発生に関する大きな論議を呼ぶことはなかった。東日本大地震の直後から東南海での巨大地震に対する論議が巻き起こり、国全体の地震対策が大きく見直されることになった。

このように、災害に関する事柄は基本姿勢が重要であって、その有無や有りようによって結果は大きく違ったものになるのである。

三・五　御所用水と御所水道

数年前に、立命館大学の歴史都市防災研究センターへ、環境省京都御苑管理事務所の人々が筆者を訪ねて来た。この時に「御所用水を復活したい、技術的な指導をお願いしたい」との要請を受けたが、その時点では本願寺水道のことを調べてはいたが、御所水道あるいは御所用水のことは名前を聞いたことがある程度なので、お役に立てそうにないと申し上げた。

そこで、逆に先方からいろいろな説明を受けて、御所用水のあらましの状況が理解できるようになった。そして、この問題は技術的というよりは、国・府・市などの行政の理解と財政的支援を受けることが必須であるが、現状では難しいのではないかと返答した。

御所とその近隣への給水のための禁裏御用水と本願寺水道と同様な機能を持つ御所水道とは別のものとして考えるべきである。各種の資料や文献でも明確には区別されていないので、誤解が見られる場合もある。

まず、禁裏御用水と呼ばれるのは、桃山時代もしくはそれ以前から存在しており、賀茂川から直接取水して開水路で御所まで送水していた。明治になってから、この禁裏御用水に琵琶湖疎水分線の水を途中で加えた用水、これが御所用水である。

ここで御所と御苑の違いをはっきりしておこう。

まず、御苑は京都御所、仙洞御所、京都迎賓館などを内包する公園である。一般にはこれを御所と呼んでいる。

今出川通り、烏丸通り、丸太町通り、寺町通りに面していて、石垣で囲まれている。この石垣は明治になって、現在の御苑内にあった宮家や公家の邸宅が取り払われた後に築かれたのである。明治になる前には石垣ではなく、公家などの邸宅が立ち並んで御所を囲んでいた。現在は四方を石垣で取り巻かれた範囲を御所と呼んでいるが、正式には京都御苑なのである。

一方、御所は正しくは天皇の座所、あるいは皇后、皇太子などの居所を指す。京都御所は京都御苑の中央から少し北側にあり、御所が西で迎賓館が東側に位置している。御苑内にある御所の築地塀に沿って幅が七、八十センチで深さが五十センチ程度の溝があり、これを御溝水《みかわみず》と称する。これを復活することは綺麗な水を流すのであるから、御所の景観や美観を高めるのには大いに貢献するだろうけれど、火災時の消火には水量が不十分である。筆者にとっては火災の防止と消火が最優先であるから、お役に立つとすれば、もっと多量の水を御所まで引く計画であろうと御苑管理事務所の人々に話してお引き取り頂いた。その後、御所用水のことが気になり、少しばかり資料を集めてみた。その結果について東山方面の本願寺水道との対比を主として、整理してみた。

本願寺水道は琵琶湖疏水の水を利用して、東本願寺の防火・消火のために設けた単一の目的を持つ施設である。

これに反して、琵琶湖疏水よりも歴史が古く、桃山時代以降賀茂川から取水して御所への給水に使用されていた禁裏御用水と、琵琶湖疏水の終点である蹴上から北方に向かう第一・第二疏水分線の水を御所の北側で合流させ、これを御所用水と称していたのは前述のとおりである。

御所での消防と近隣の田畑への灌漑用水ならびに庭園の池泉への給水を目的とした点において、御所用水は多目的機能という観点からは、本願寺水道や後述の御所水道とは性格を異にしている。

本願寺水道は蹴上から西に向かっていて、最後は南西に位置する東本願寺に達するのに反して、疏水分線は蹴上から北方に向かい、部分的には、現在の哲学の道沿いに進んで、銀閣寺からさらに北に向かい、第一疏水分線と名が変わって高野川に達する。そしてサイホンで高野川の下を潜《もぐ》ってから第二疏水分線という名で松ヶ崎の浄水場を経て西方の鴨川に向う。その途中で禁裏御用水に分流したものが御所用水である。御所用水は百三十五センチ幅、深さも九十センチあり、室町通り北端から今出川通りの水枡に達している。そして、その一部は御苑に入らずに今出川通りを西進して京都府庁に達したのち、椹木町を経て堀川に達している。これならば消防用水としても利用できたであろう。また、御苑内を通過した用水は御苑南方の押小路通りまで伸びている。これらの水路群は御苑の外の府庁やその他の市街地の防火用水としての機能をも視野に入れていたことになる。すなわち、この節の冒頭に述べた「御所用水は防火用には小規模すぎる」との筆者の見解は、現在での視点であって、明治の頃には十分な水量であると考えられていたのである。ただし､過去の百年で京都の人口が当時の数倍に達しているから、当時の御所用水を現代に復活しても市内全域の消防には十分ではない、と言う筆者の考えは変わらない。

一方、御所での消防を目的とした御所水道は御所用水とは別物である。御所水道と御所用水は名称は似ているが、全く別のものである。

御所水道は、蹴上から被圧水のまま船溜まりから北に向かい、動物園近くで疏水を横断してさらに丸太町の北側の春日通りの地下を西に向かって川端通りに達してからは、再び北上して荒神橋付近で鴨川を越えて御苑に達するのである。その後、北上して梨木神社付近から御苑に入り、御所内の禁裏に達する。

これは御所での消防のための用水であるから、機能は本質的には本願寺水道と同じである。地中の鉄管も内径が六十センチであって、本願寺水道の三十センチより太い管である。これは御所での火災の防火と消火のための消防用水であるから、消防という単一の目的のために設けられている。禁裏御用水は目的地が御所であっても、途中では灌漑のために用いられたり、相国寺や御苑内での池水として利用されており、この御所水道とは根本的に異なる。

御所水道は明治四十四年一月に完成した。昭和二十九年八月十六日の大文字の送り火の日に行われた鴨川での花火の火の粉が御苑内の小御所の檜皮葺きに飛んで全焼した際に、御所水道のおかげで他への類焼は免れた。しかしながら鉄管の老朽化のために平成四年に廃止されている。

このように御所水道を調べるうちに、御所への配水ではなくて、御苑を中心とする京都の市街の防火・消化に役立つ消防システムの構築が可能であると考えるようになった。消防の目的で作られた水路である御所水道を復活することで、多量の水を要するような市内での大火災への備えとすることが可能である。この御所水道だけで市内全域での延焼を食い止めることはできないであろうが、桂川の上流である保津川の水を西高瀬川で堀川に導くシステムと併用することで、大地震による京都盆地での延焼防止には大きく貢献するものと思われる。そして、この御所水道の復活と整備を目指して、後述の「明日の京都」での長期事業として実現を図り、検討を開始している。

なお、保津川の水を京都に引くことは、高野川を開削《かいさく》した角倉了以《すみのくらりょうい》が約四百年も前に、トンネルを造って嵯峨野までの導水事業を行っている。

四・一　文化遺産の防災対策は「もぐら叩き？」

文化遺産の災害事例は決して少なくはないが、大災害では人命や一般住宅の被害が大きく取り上げられ、文化遺産の自然災害は大きな社会問題となることは稀である。一九九八年の阪神淡路大震災の際にも、国宝や重要文化財の火災は起きなかったが、重要文化財の木造の生田神社は崩壊してしまったし、美術工芸品の多くが壊れたり、失われた。

災害のあと創建時と同じように復元された寺社の一つは、女人高野として広く知られた奈良県宇陀市にある真言宗の室生寺（写真3）である。高野山は女性の立ち入りが禁じられていたが、室生寺はそれを許していたので女人高野と称せられた。ここには全国に九基しかない国宝の五重塔があり、これは東大寺の五重塔に続いて二番目に古く、七九四年頃に創建されている。

一九九八年（平成十年）の台風七号によって境内の樹齢六百五十年ほどの杉が強風によって五重塔に倒れかかり、高さ十六メートルの各階が大きな損傷を受けた。幸いにも心柱が大きく傾くことはなかったので修復が行われた。創建時の部材もその後の修理や修復時にも再使用されていて、およそ千二百年前の部材も遺されていたようである。檜皮葺の屋根は大きな被害を受け、特に四層、五層の屋根の損傷が酷《ひど》かった。これは台風による典型的な自然災害である。約一年三か月かけて修復されて、現在では創建時の美しい姿を見せている。しかしながら、酷い災害を被ったにもかかわらず、貴重な文化遺産の災害問題として取り上げられることはなく、単なる一過現象と考えられ、その後も文化遺産全般の災害事象として捉えられてはこなかった。

写真3　室生寺　五重の塔

四、文化遺産と防災

こうした状況は安芸の厳島神社においても同様であった。二〇〇四年九月の台風一八号で国宝の左楽房が倒壊し、全体で三十七棟あるうちの国宝と重要文化財に指定されている三十棟が被害を受けた。

大潮の満潮時には高さ四メートルの回廊の下すれすれまで海面が迫り、社殿があたかも海に浮かぶように設計されている。回廊の床板にはすき間を作り、海面上昇時にはすき間から水が床上にあふれ出ることで、床下からの水圧による破損を防ぐ構造になっている。

一九九一年九月に来襲した台風十九号による強風と高潮により能舞台と能楽屋、左楽房などが倒壊し、そのほかの社殿も建物の傾斜、床の浮き上がり、床板の流出、檜皮が風により吹き飛ばされるなどの被害を受けたことがある。一連の復旧事業は一九九三年に終了したが、十年後には再び上述のような被害を受けており、繰り返す災害に対して抜本的な対策は行われて来なかったと言えよう。

厳島神社は平安時代の造営以降、火災を含め高潮災害に何度も見舞われているが、その時々の有力貴族による寄進事業として復旧してきた。また、陸上から海上にまで連続するユニークな構造であり、潮風にさらされる環境にある建造物であって、屋根の葺替、塗装修理、部分的補修などの修理が適切に行われてきたが、自然災害への抜本的な取り組みは行われていない。各種の災害を被ってきたが、そのつど対処工事が行われたに止まり、抜本的な防災対策は行われて来なかった。

清盛が厳島神社の社殿を造営した時には、平家の子女の平安を願ってはいただろうが、八百五十年もの後まで遺り、自分の生きた時代の文化や息吹を後世にまで伝えることになるとは考えなかったであろう。しかしながら、現在はこうした文化遺産が多く遺っているのであるから、我が国のみならず世界的にも自然災害が多発する傾向にある事を考えると、文化遺産を総体として捉えて、自然災害への対策を立てることは極めて重要なことである。それも災害の起きた時の事後対策のみではなく、将来への備えが重要であり、代わりのない重要な施設や文物ほど長い視点での対策が重要である。

　文化遺産が地震や火災、あるいは落雷に遭うのは稀な事であって、人間の生涯と比べると大災害の起きるのは珍しいことであるから、一度被害に遭ったら暫《しばら》くは大丈夫だろうと考える。しかしながら、大規模な自然災害を考えると、自分の世代だけを考えるのは間違いであり、建造物のみならず各種の文物の数世代の後までをも考えに入れなければ、十分な災害対策とはいえない。

　重要な文化遺産が被災しても同類の文化遺産の災害特性を問題にすることはなく、文化遺産全体の防災問題を包括的に対処するという考えも見られず、言うなれば「もぐら叩き」の状況である。

四・二　応仁の乱と文化遺産

京都の文化財が短時間に大量に失われたことが、歴史上では二回ある。第一回目は応仁の乱であり、第二回目が廃仏毀釈《はいぶつきしやく》である。

応仁の乱は日本の歴史上でも有数の大規模な戦乱であり、一四六七年に始まり、次の文明期へと続いたことから、応仁・文明の乱とも言われる。細川勝元と山名宗全の争いから始まり約十年にわたって続いたが、どのような経過で始まったかは知られていても、いつどのように終焉したかについては歴史家も明瞭には述べていないようである。そして、誰が勝者なのかも明瞭ではない。この戦乱は京都で始まったとされるが、その前段に大和地方での有力者間の抗争があり、京都での戦乱が起きると、これが大和方面のみならず若狭や越前方面、さらには河内、摂津にまで拡がって長期化したのである。我が国の歴史上でも有数の大きな内戦でありながら、そして長期にわたったせいか、明確でない部分が多く残されているようである。唯一明らかなのは、この戦いによって多数の文化遺産が焼亡したことである。これについては寺史や社史に記されている。

歴史の教科書には応仁の乱は一四六七年に始まり、十年続いたことになっているが、終わりはそれほど明確ではない。したがって、文化遺産については一四六〇年頃から一四七〇年過ぎまでの約十年余りに失われたものを応仁の乱によるものと考えざるをえない。そして、その復興には本節末に示すように、長い場合には二百年を要したのである。

さらに、応仁の乱の争いは京都の外にまで拡がっていることから、この戦乱で失われた文化遺産は膨大な数に上るであろう。こうした膨大な文化遺産がなぜ、どのようにして失われるに至ったかについては歴史書にも多くは述べられてはおらず、推測の域は出ないが、失われていった過程のおよその推測は可能である。

表1（一一六頁）は一九五〇年（昭和二十五年）に鹿苑寺の金閣が焼亡して以後、寂光院の火災に至るまでの、およそ五十年間の京都での文化遺産の火災について、その原因を京都市の消防局が調べたものである。

この調べによると花火とローソクによるもの以外はすべてが放火である。今日では放火は極めて限られたものと思われているが、文化遺産に関するだけでもこれほどの事例がある。寺社などの目に着きやすい構造物に対する放火は、現今の社会では想像すら難しいと考えられているが、それでも表1の示すような火災、特に放火が頻繁に起きているのである。これは文化遺

表１　京都市の文化財の火災原因

	発生年月	対象物名	原因	焼損状況
1	昭和 25 年 7 月	鹿苑寺	放火	仏舎利殿（国宝）及び木造坐像（国宝）焼失
2	37 年 7 月	壬生寺	放火	本堂及び木造地蔵菩薩坐像（重文）、木造四天王立像（重文）、金鼓（重文）焼失
3	37 年 9 月	妙心寺	放火	鐘楼（重文）焼失
4	41 年 5 月	霊雲院	放火	書院（重文）のふすま、壁、天井の一部焼損
5	41 年 7 月	大徳寺	放火	紙本墨画猿曳図（重文）焼失
6	50 年 8 月	與杼神社	花火	本殿（重文）焼失
7	50 年 10 月	清水寺	放火	本堂（国宝）の柱、床の一部焼失
8	58 年 12 月	大報恩寺	ローソク	本堂（国宝）の向拝支柱の一部焼損
9	平成　5 年 4 月	仁和寺	放火	霊明殿の棚の一部焼損、金堂（国宝）の床下の一部焼失 御影堂（重文）の床下の一部焼失
10	5 年 4 月	三千院	放火	往生極楽院（重文）の天井及び壁体の一部焼失
11	5 年 4 月	青蓮院	放火	好文亭（史跡）焼失
12	9 年 7 月	大将軍神社	放火	本殿（市指定）の屋根の一部（約 20㎡）焼失
13	11 年 3 月	大原楽園	放火	元小学校講堂（国登録）焼失
14	12 年 5 月	寂光院	放火	本堂焼失、木造地蔵菩薩立像（重文）焼損

産であっても、放火される可能性が特別に低くはないことを示唆している。

これは現在の実情である。文化遺産に対して、大切にしなければならないという特別な意識があったとも思われない中世の戦時においては、寺社などの建造物は冬期の暖房材料の提供元としては格好のものであったろう。焚き火を囲んだ兵士達が寺社の扉や板壁、ときには柱さえも取り壊して焚き火の材料にしたであろうことは想像に難くない。もちろん戦術として敵方の寺社に密かに紛れ込んで放火して、敵の陣営を混乱に陥れることなども日常茶飯事であったろう。こうして失われたとされる堂宇は数知れない。現在の国宝や世界文化遺産のほとんどは東山をはじめとする京都盆地の周辺の山麓にあり、市中にあるのは二条城、西本願寺、東寺などに過ぎない。山科や高雄には重要なものが遺されているが、それらとて火災に遭っていないわけではない。

京都に現存する寺社の史書に基づいて、応仁の乱の時期に火災のあった記述の主なものを拾ってみても、愛宕社、祇園社、行願寺、清水寺、相国寺、神護寺、真如堂、誓願寺、等持寺、東福寺、南禅寺、仁和寺、盧山寺、六角堂など枚挙に暇が無い。また、この時期には戦乱により生活が苦しくなった者が一揆を起こして寺社を襲ったり、事物の盗難が多発したことも記されており、寺社の堂宇・堂舎のみならず仏像などをはじめとする文化遺産の類《たぐい》も盗難に遭ったり、燃やされた物が多数あったであろうことは想像に難くない。また、寺社ではないが、後花園法皇の住居であった御所ですら類焼している。このように寺院や神社の歴史を記したもの以外にも、小規模のものを含めると、焼亡したものは数え上げるときりが無い。武家や貴族の館も同様であったと思われる。

四、 文化遺産と防災

応仁の乱の発端には奈良方面の有力者間の抗争があったとされ、応仁の乱の余波が若狭、加賀の方面にもおよび、河内や摂津にも飛び火したことは前述の通りであるが、奈良では大きな紛争が起きていない。これには、奈良の興福寺の存在が与っているようである。

有力者間の抗争は興福寺に関わりを持つ人々の争いであって、興福寺との争いではなかったので、興福寺は実質的には大和守護の地位と権威を保っていて、京都に始まった応仁の乱は四方に拡がったにもかかわらず、奈良に及ぶことはなかった。

応仁の乱は誰が勝者で誰が敗者かが明確で無いとされるが、戦を始めたとされる山名宗全は七十歳で亡くなり、そのわずか二か月後に細川勝元が四十四歳で突然の死を迎えている。

応仁の乱の影響は京都から始まったが、次第に範囲が拡がって行ったのであり、それらの地域で炎上・破壊した文化遺産は膨大な数に上る。日本の文化遺産に応仁の乱が及ぼした災厄は計り知れないものがある。応仁の乱で失われた文化財の文化遺産についてはまとまった資料は遺されておらず、文化遺産に的を絞って応仁の乱を論じた研究も見つからない。

個別の寺院の応仁の乱による被災は、乱が始まった一四六七年以降の寺史などから読み取るしかないが、一つひとつの寺院の被災について丁寧に見てゆくと、現存する寺院においてもこの時代に重大な災厄を受けたことが見えてくる。たとえば、南禅寺についてみれば、南禅寺の近くにあった東岩倉に陣した東軍を西軍が襲い、約十五日間に及ぶ激戦により、南禅寺の伽藍、塔頭が悉《ことごと》く焼亡する結果となった。こうした塔頭を含む一山の焼亡は南禅寺にとって再起不能に近い打撃であった。豊臣秀頼が南禅寺の一部である法堂を再建寄進して供養したのは一六〇六年であった。実に百四十年後である。

京都五山の上に別格として位置付けられていた南禅寺ですら破壊の程度と復興までの時間は想像を超えるものがある。復興までの時日があまりにも長いことに懸念を抱いて、二〇〇五年頃に南禅寺を訪れて、京都の寺社の災害の歴史を勉強しているものであると名乗ってから、応仁の乱から復興までの時間が、他の寺社に比べて、あまりにも長すぎるのではないかとの疑問を持っていることを告げた。そうすると、数名の僧侶が突然の訪問と無礼な質問にもかかわらず、時間をかけて熱心に幾つかの寺史を調べて下さったけれど、復興までの経過は判然とせず、結論は変わらなかった。

平安時代の中期から鎌倉時代にかけて、皇室の尊崇と貴族による庇護を受けていた仁和寺は、当時は子院も含めて七十有余の大伽藍があり、南北四キロメートルで東西八キロメートルの境内を有していた。鎌倉時代の後半になると禅宗が盛んになったので真言宗の仁和寺は次第に栄光を失っていたが、応仁の乱に際しては一山全体が消失してしまった。一四六八年九月に東軍の山名氏の焼き討ちに遭って一夜にしてすべてが消失したのである。仁和寺は「御願寺」としての高い格式を誇っていたが、庶民との距離があったため浄財は集まらず、本来の地から離れた双ケ丘《ならびがおか》に仮御所を設けて法灯を護持していた。応仁の乱から百数十年後の一六五〇年頃、徳川家光により今日の姿で再興された。現在の金堂は再建に際して、御所の紫宸殿を仁和寺に移築している。また、極めて多額の再建資金を幕府から得て再興されている。

皇室出身者が代々の門跡を務め、平安～鎌倉期には門跡寺院として最高の格式を保っていた仁和寺すらも、応仁の乱においては壊滅的な損傷を受けたのであり、盛時の六、七割程度の復興までに二百年近くを要している。

上述のように多くの寺社が兵火による損傷を受けているが、今日広く知られている京都の寺社で兵火を免れたのは、鹿苑寺（金閣寺）、北野天満宮、教王護国寺（東寺）などである。ちなみに銀閣寺として知られている慈照寺は応仁の乱より後に創建されている。また、上賀茂神社、下鴨神社などの神社でも兵火を被っており、下鴨神社のある糺の森《ただすのもり》は一四七〇年の兵火により、総面積の七割を焼失している。その結果、平安京の造営される前からの葵祭も応仁の乱の始まった一四六七年から約二百年は行われておらず、一六九四年からようやく再開されている。

南禅寺や仁和寺のように現存する格式の高い寺院ですら復活までに二百年以上を要しており、無形遺産である葵祭でも二百年を経て再開されているのである。また、重要性において、あるいは他の理由により再建されなかった寺社は、再建されて現存するものより多いことが、寺史などを繙《ひもと》くことで見えてくる。このように、応仁から文明に至る騒乱により、平安・鎌倉時代に積み重ねられた多くの文化遺産の大半、もしくはそれ以上のものを失ったのである。京都の文化遺産は応仁の乱により、それ以前と以後とに分断されてしまったのである。

四・三　文化遺産被災史の可視化

世界文化遺産「古都京都」には十七の寺社が含まれている。この中で人災も含めて過去に災害にあっていないのは宇治にある平等院と宇治上神社ならびに二条城だけである。京都府にある国宝の木造建造物は四十七寺社に達するが、これらの中で過去に火災に遭っていないのは極めて稀である。**三・二**にも記したように現存する国宝や重要文化財の寺社では、自然災害や人災に見舞われたり、そのせいで破棄されたものは枚挙に暇が無い。こうした文化遺産の被災史を纏《まと》まって学ぶ機会は学校でもほとんど無いに等しい。

京都の文化遺産、特に建造物を問題にする場合にも、過去の歴史を知らずしては将来を語るのは難しいことであろう。ところが京都の文化遺産の多くについて、被災の歴史を学ぶことは専門家以外の者には極めて困難である。特に被災について、その消長を時間の経過との関係で理解しようとする場合には、視覚化をしないで史書を読むだけでは包括的な理解は困難である。

このような趣旨の下で、筆者は「京都の歴史」の全十巻（京都市編）ならびに「寺院神社大辞典（平凡社）」を対象にして、大学院生の協力を得て多くの神社仏閣についての地震や洪水、戦乱などによる被害に関する記述を抜き出しデジタルデータ化した。それらの寺社の所在地は、現存しないものについても分かっているから、寺社の被災の歴史を可視化して、京都盆地の地図上に記入したのが図7である。この地図上の各円柱は各々の寺社の場所と被災種別を示しており、火災と水害もしくは土砂災害の区別は図7の左上隅の凡例に示す通りである。

地図上の左角《ひだりすみ》の鉛直の円柱は西暦年を示しており、これと地図の交差するところが該当する西暦年に対応している。また、地図上の不規則な形で薄く着色されている箇所は対応する西暦年での市街化地域、すなわち人の住んでいた場所であり、それ以外は原野あるいは農地である。

円柱上で濃く着色されている箇所は火災に遭ったことを示している。この長さが長いのは火災後の復興までに時間がかかったことを示している。

図7は本来はアニメーションであり、八〇〇年から二〇〇〇年までの間を滑《なめ》らかに地図が上下する。京都盆地の南西の上空から京都を俯瞰《ふかん》した状況を想定している。このシステムは任意の方向・場所の上空から、そして任意の高さから俯瞰できる。なお、筆者はこのシステムで情報処理分野において「時間軸を含む多次元データの表示システム」として二〇〇六年に特許を

四、 文化遺産と防災

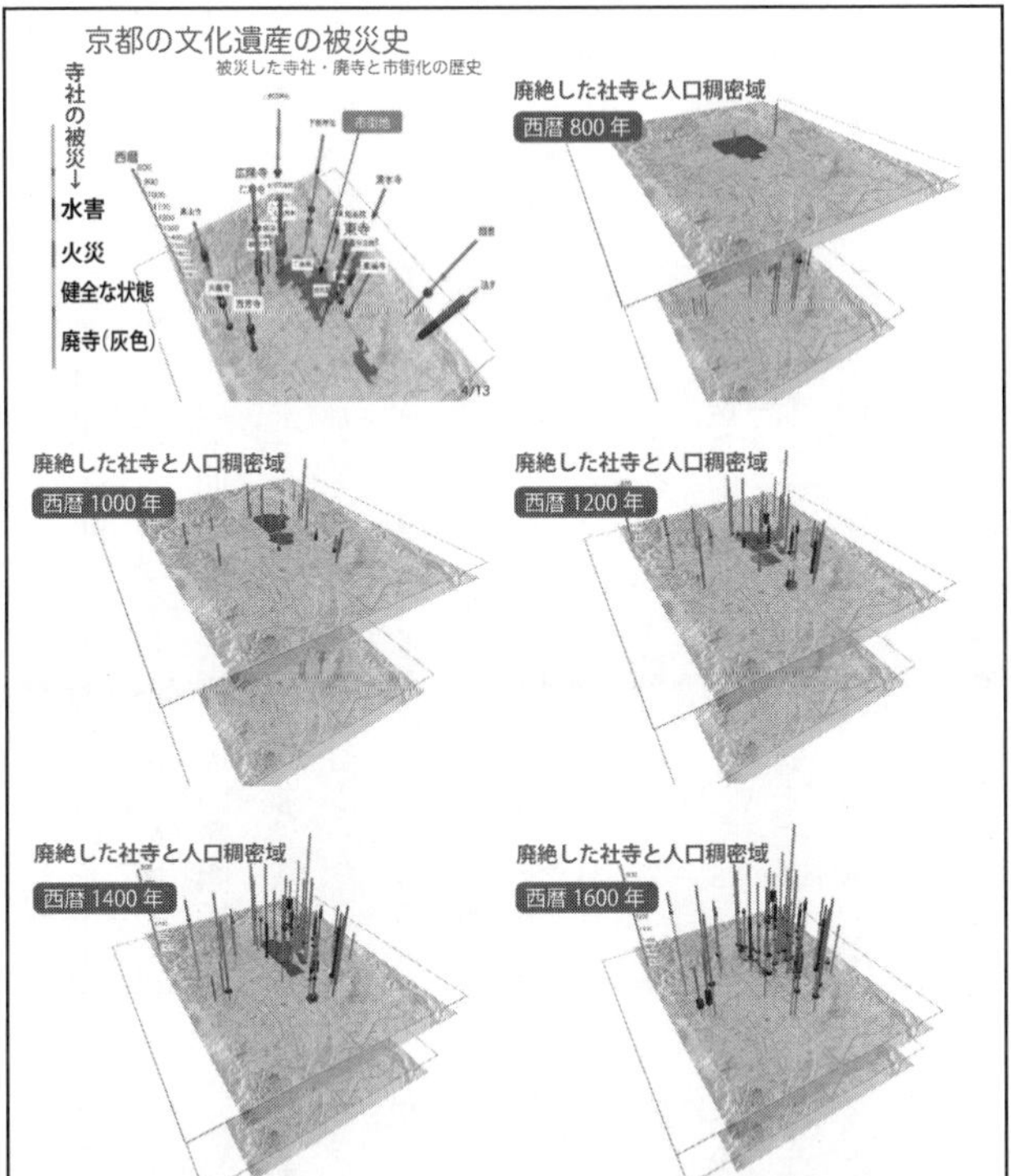

図7　京都の寺社の被災史（アニメーション）

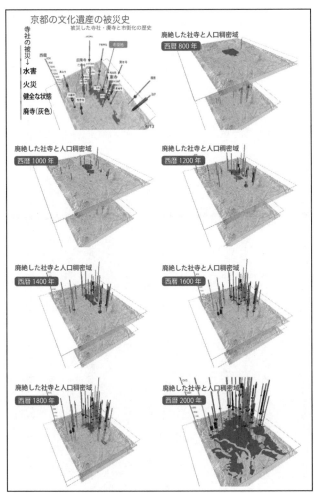

取得している。

このシステムにより京都の重要な木造建造物の被災史をアニメーションとして見ることで、イメージとして記憶に残すことができ、市街化地域の消長を容易に理解できるのである。

すなわち、平安時代の盛期には平安京の広い範囲にわたって、約二十万人が散らばって住んでいたが、時代が進むにつれて次第に東北の標高の高いところに移動するとともに、一五〇〇年頃の戦国時代には約五万人にまで人口が減少したことが一望できる。人口減少の原因は言うまでもなく、応仁の乱をはじめとする戦乱に伴い、人々が京都から逃げ出したことによる。

応仁の乱により京都の歴史は、乱によって前後に分断されるとの論拠はこの図からも読み取ることができる。たとえば、図7の西暦一六〇〇年頃の居住域を八〇〇年と二〇〇〇年のそれと比べることで明らかである。

一連の図の最後は視点を地表面まで下げて、千二百年間の被災状況を凍結した状況を示すのが図8である。これによると、京都盆地は過去に二度に亘ってまとまって文化遺産を失ったことがわかる。各寺社での被災を表す鉛直な直線が薄い灰色になっている部分は廃棄されたことを示している。

第一回目は応仁の乱をはじめとする戦乱によるものであり、多くの寺社が再建されなかったことも分かる。

第二回目は明治初年の廃仏毀釈によるものである。これは、明治新政府によって、日本の国の宗教は神道であって仏教は朝鮮から入ってきた外来の宗教であるとの理由で、多くの寺院の塔頭が取り壊されたり、境内が政府により取り上げられた。このときに奈良時代以来の貴重な寺院、仏像、仏具などの仏教関係の文化遺産が多量に破壊もしくは破棄されたのである。

そして、第三回目が起きるとすれば、地震火災であろう。

将来、応仁の乱のような戦乱が起きることは想像できない。日本は外国に対しても戦争はしないことを七十余年前に世界に対して宣言したから、外国との戦争により文化遺産を失うようなことが起きるこ

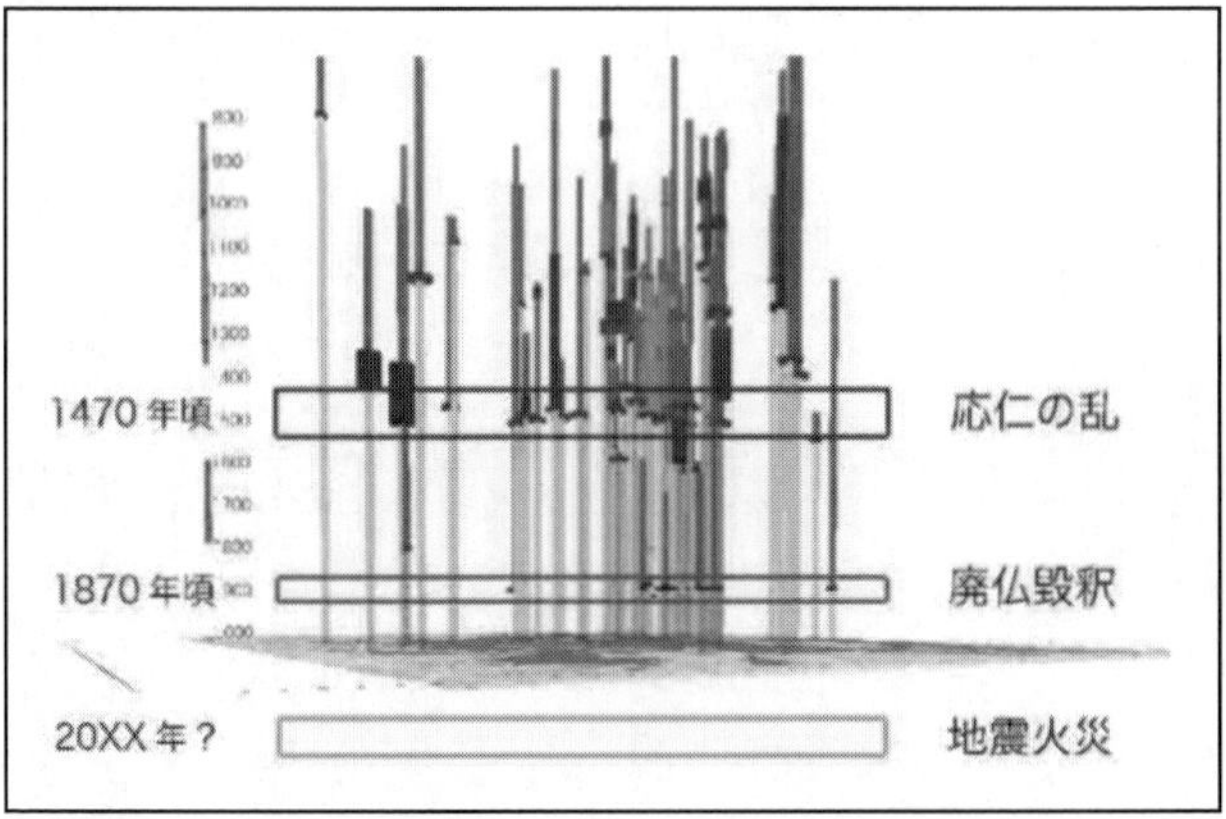

図８　被災史アニメーションの最終画面

とは考えにくい。たとえ、一方的に戦争に巻き込まれることがあっても、日本はハーグ条約に批准しているから、原理的には国家間で武力紛争が起きたとしても、京都では武力による反撃をしないと宣言すれば、条約が守られる限りは京都が戦場になることはないのである。

では廃仏毀釈のような事態はどうであろうか。これは明治新政府の設立に伴う、いわば政治的混乱によるものである。我が国の将来において、このような政治的・宗教的混乱が起きることは考えにくい。逆に、廃仏毀釈により失われた神仏習合を元に戻そうという考えもあることを勘案すると、百五十年前と似たようなことが起きるとは考えられない。

三度目が起きるとすれば、それは京都の近くで直下地震による強い揺れが生じて、京都盆地の広い範囲で同時多発火災が発生したときであろう。京都の町を現在のままにしておいて、こうした直下地震に対する対策をしなければ、千二百年の京都の歴史において三度目となる、大量の文化遺産の焼亡を経験することになる。

この問題に対する社会一般の関心が低いのは、起きて欲しくないことであるから、考えることすら無意識に逃げているからであろう。

四・四　旧市内には平安時代の建造物は無い

旧市内とは大雑把に言えば、かつて市電が走っていた地域であり、そこには平安朝の建物は現存しない。この旧市内で最も古いのが大報恩寺（別名　千本釈迦堂）で、年末の大根炊きの行事で知られている。

大報恩寺は一二二一年創建とされているから鎌倉時代の初期に当たる。本堂は一二二七年に上棟された国宝であり、京都市内の国宝建造物としては最も古い入母屋造の檜皮葺きである。この檜皮は二〇〇〇年頃に葺き替えられた。葺き替えの現場を見に訪れた際に知ったのであるが、それ以前の本堂の写真はお寺には無いとのことであったので、筆者が手持ちの写真を引き伸ばして進呈した事を今思い出している。

平安京が七九四年に造営されたにしては、一二二一年が最古というのは、それまでの約四百年あまりの間には何も造られなかったように思われる。しかし、実際には多くの寺社が創建されたが失火や放火、さらには応仁の乱などで焼亡してしまったのである。大報恩寺でも応仁の乱で焼け残ったのは本堂だけで、他の塔頭は焼失し、後になって再建されているのである。

大報恩寺は応仁の乱の時期にはすでに存在したが本堂が焼けずに残ったのは、このお寺が北野天満宮の近くのいわゆる西陣にあり、応仁の乱の際には西軍の陣地が近くにあったために、戦乱時にも本堂まで焼亡するほど大規模に放火されることなく遺ったのであろうか。

旧市外には、高雄の高山寺や山科の醍醐寺など平安時代に創建された寺院もある。

また、市内には平安神宮があるが、これは百二十年ほど前の建都一一〇〇年祭に際して行われた博覧会でのいわばパビリオンであって、平安京の大内裏にあった朝堂院の大極殿が八分の五の大きさで再現されたものであり、平安時代のものではない。

京都盆地は東北が高く、相対的に南西側が低く居住環境は必ずしもよくない。平安時代中期に慶滋保胤《よししげのやすたね》が著した随筆「池亭記」によれば、現在の三条御前通から南西の地域は、九七〇〜九八〇年頃にはすでに荒れ果てており、あちこちには池や沼があり、都の中と言っても廃墟の地だったようである。羅城門があったのは、この地域のすぐ東に隣接する地域であったから、廃墟に近い状態であった。このような場所には、九八〇年に倒壊した羅城門を再建する必然性は低かったのであろう。

平安時代のものが遺っていないと言われるが、平安時代に問題があったのではない。この時代のうちに廃絶されたものはむしろ少なく、それ以後の応仁の乱で失われたものが多いから、正確な表現としては、平安時代に栄華を誇った多くの寺院が、その後の時代の戦乱によって失われてしまったと言うべきであろう。その原因となったのが応仁の乱であると記したが、これは一つの戦乱というよりは何十年という長きに亘った政治的混乱と言うべきかも知れない。

日本史の時代区分としては戦国時代があったことは明らかである。その始まりは歴史書では、関西と関東により、また歴史家の観点により違った定義が行われている。応仁の乱は次の文明期にも続いている。したがって、ここでは応仁・文明の乱を戦国時代の走りとして捉えることとする。このように定義すれば、平安時代の文化遺産、特に八角九重塔を含む法勝寺や栄華を誇った六勝寺が後世に遺されなかったのも元凶は戦国時代なのである。

平安時代には存続していたが応仁の乱で廃絶された主なものを挙げると、延勝寺（一一四六～一二六二）、円勝寺（一一二七～一二二九）、嘉祥寺（八五〇～一四四五）、最勝寺（一一一八～一三一四）、尊勝寺（一一〇〇～一三一四）、法勝寺（一〇七五～一三四九）、貞観寺（八六二～一四四五）、成勝寺（一一二二～一四三八）などが歴史書や寺史などにみられる。

その他に焼亡したものとしては、西寺（七九六～一二三三）、最勝光院（一一七二～一三〇一）、法興院（九九一～一一四八）、法住寺（九八八～一一九一）などが見られる。

法性寺（九二五〜一四六八）は焼亡して再建されなかったが、火災は応仁の乱によるものと思われる。

西寺は東寺と並んで官寺であって威容を誇っていたが、数度に亘って火災に遭い、再建もされたが、最後に残っていた塔が焼け落ちて廃絶した。

法成寺（一〇〇二〜一四三五）は藤原道長が建立した摂関時代最大の寺院であり、一〇五八年に焼亡した。頼通が再建に着手し、以前よりも整備されて復興したものの、藤原氏とともに衰微した。

蓮華蔵院（一一一四〜一三四〇）も焼亡のあと再建されなかった。

珍皇寺（八二六〜一四四八）も一二五九年に焼亡したが、焼失・再建を繰り返していて、東寺との間での紛争を経て建仁寺派として現在に至っている。

このように見てくると、平安時代に幕を閉じたのは、著名な寺院の中で世尊寺のみである。ここはもともとは藤原行成の邸宅であったものを寺院化したものであり、一一五七年以降の衰微まで紛争や焼亡など歴史書には記述されておらず、静かに幕を閉じたのかも知れない。

京都に平安時代の寺社は遺っていないと記すと、平安時代が荒れていて、その煽《あお》りで文化遺産が失われたと思われがちである。事実はそうではなく、前述のように、それより後の時代すなわち戦国時代が、平安時代の貴重な文化遺産を失わしめたことを忘れてはならない。

我が国の文化は白鳳時代から奈良、平安を経て江戸時代まで人口とともに次第に豊かになり、滑らかに現在に至っていると漠然と考えられているようである。実際には、決してそのような平坦な道ではなく、室町時代から戦国時代にかけては、少なくとも京都の文化遺産の量と質は一旦途絶えていて、秀吉の時代に京都が整備されるにつれ、文化遺産も再興され始めるのである。文化遺産に関しての日本の歴史をたとえて言えば、まるでひょうたんのように途中が極めて細くなっているのである。

戦前の著名な歴史学者である内藤湖南は、応仁の乱の前後で日本の歴史は変わってしまっており、日本の歴史を考える際には、応仁の乱の後を対象とすれば良いとすら述べている。しかしながら、これは日本の文明史を論ずる歴史家の視点からの見解であり、文化遺産の後世への継承を旨とする我々の立場からは、歴史上で大きな変革が起こった際には、変革が文化遺産にどのような影響を与えたか、どのようなものが影響を受けずに現在まで生き延びたかを学ぶことは、大きな課題である。

四・五　ライオンズクラブと文化遺産防災

文化遺産防災などという、言うなればニッチな事柄に関わっていると思わぬことに出会うことがある。筆者がこうした分野の事柄を進めていることが少しずつ理解されるようになると、ライオンズクラブやロータリークラブなどからも、講演の依頼が来るようになった。京都市内だけでも講演の機会も多くなり、ときには大阪から呼ばれたこともあった。

いずれのクラブも月例会は一時間だけであり、その場でクラブ自体の会合も持たれるので、講演には三十分しか与えられないのが常である。しかしながら、文化遺産防災とは何か、から始めないと理解されないから、やってきた事、これからすべき事については十分な説明ができないという不満が常に付きまとっていた。

講演時間は短くても、地域社会での影響力のある人々に対して語りかける機会を与えられただけでも感謝しなければならない。あるとき京都ライオンズクラブから創立五十五周年事業に際して、文化遺産防災に関して奮闘している筆者を支援しようという話が持ち上がった。京都府知事や京都市長なども来賓として出席している場において、五百万円もの大金を頂いた。こうした周年記念イベントに際して、これまでは遊園地にブランコやベンチを設置するというように、物を提供してきたが、今度は文化遺産防災という概念に対して顕彰しようという事になったとの説明があった。

具体的な計画に対してではなく、概念あるいは理念を評価して頂いた事で、それまでの苦労が報われた思いに浸るとともに、将来に向かって更に進む元気を与えられた。

四、 文化遺産と防災

頂いたお金は筆者の勧める立命館大学で機関経理をしてもらう事にして、奨学寄付金とした。筆者の希望する事業や活動に対して大学の経理課が事務処理をしてくれるのである。そこで、大学の同僚にも諮《はか》った結果、文化遺産を自然災害や経年劣化から守るための提案を募り、優れた提案に対して奨学寄付金を副賞として与えることになった。

唯一の条件は三十歳以下の個人もしくはグループであることとした。筆者の活動の目的が文化遺産を将来起こるであろう災厄から守ることが主眼であるから、将来において主体となるべき若い人に目を向け、これまでにはない視点での提案を募ろうというものであった。選考に際しては有形・無形の文化遺産に詳しい専門家ならびにライオンズクラブからも参加して頂いて審査委員会を構成した。

審査では、最優秀賞を一点、優秀賞を二点、佳作を五点選んで、合計で毎年一〇〇万円を賞金として提供した。

大変ユニークな発想に基づくものや、新しい概念の提示などがあって、審査委員も触発されるものがあった。すぐにでも手をつけられそうなアイデアから、将来の社会や技術の成熟を待てば面白いというものまで、いろいろな提案が見られた。文化遺産防災アイデアコンペと名付け、計四回にわたって開催した。結果は、表2のとおりである。

このコンペには個人の応募とチームによるものがあるが、国公私立大学の大学院生のチームによるものが多数であった。


第一回は全国の広い範囲から六十八の作品が寄せられた。これは東本願寺境内とその寺内町を対象として提示し、「文化遺産あるいはそれを含む都市の防災機能を向上しながら、より良い都市環境づくりにつながるデザインやアイデア」を広く公募した提案型の設計競技であった。東本願寺は広い境内を有する重要な文化遺産であるばかりでなく、大規模な防災システムである本願寺水道が存在しており、同寺の寺内町の歴史的存在も大きなテーマを提供するものと期待した。

八名の審査員による第一次、第二次の審査の結果、このコンペで最優秀賞を得たのは早稲田大学大学院の野口鮎子氏による「スイレンの庭〜町家の更新とあわせた防災計画と風景作り」

表2　アイデアコンペ

回	テーマ	応募数	二次審査・表彰
1	歴史都市を護る。歴史都市を創る	68	2009年6月20日
2	未来に引き継ぐ近代	43	2010年3月15日
3	堀川〜歴史的都市軸の再生	45	2011年7月2日
4	再び運河と暮らすまち 京都・木屋町・高瀬川	156	2012年7月7日

と題する作品であった。この作品に対する審査員の評価は「街路と建築それぞれに防災性の向上と歴史的景観の継承との両方を目指した提案を行い、非常に視認範囲の広い提案となっている。仏教的にも重要な「睡蓮」を用いた池は、コミュニティ形成の中心となることも想定されており、東本願寺の旧寺内町におけるまちづくりの提案としても、高い情緒的な美しさを獲得している。」であった。

第一回の優秀賞以下の入賞作品、あるいは第二回以後のコンペティションの内容や結果はここでは割愛する。

最終回となった第四回は百六十八もの作品の応募があった。このうち十六作品は大学院生ではなく、いわゆるフリーランスの人たちであった。すなわち三十歳以下であるが、学生ではない人たちも挑戦していたのである。

このコンペで、主な応募者は結果として大学院生が多かったけれど、年齢の制限をしなければ、どのような提案があっただろうかと想像をたくましくしている。また違った視点からの、すぐにでも実施できるような提案が出てくるかも知れない。

いずれにせよ、文化遺産防災のようなニッチな分野で、孤軍奮闘している者を顕彰するという視点を持つ社会貢献団体が京都にあるということを誇らしく思っている。

四・六　文化遺産のドーナツ化

京都の文化遺産、特に寺社などの建造物は、現在は京都盆地の周辺部に散在している。平安京の造営以来、京都盆地の中央部には多くの人々が住み、そこでは多数の文化遺産が創られてきた。

しかしながら、一方では度重なる戦乱や落雷で住家は焼かれ、それが近くの寺社に延焼した結果の空洞化が生じ、重要な木造建造物は京都盆地の周辺部の山麓部に多く残されていて、中央部にはわずかのものしか残されていない、すなわちドーナツ現象が見られる。

盆地の周辺部にある寺社の建造物は、町からの距離があり、住家がほとんど無かったために市中での火災によっても延焼しなかったのである。

図1（二五頁）の東側で、中央の約三分の一ほどの地域の濃いグレーの部分が当時市街化さ

れていた地域である。全域に散らばっている黒丸は当時の国宝建造物である。これらの国宝建造物は京都盆地の周辺部に集まっていて、世界文化遺産はほとんどが国宝建造物と重なっているから、世界文化遺産も同様なドーナツ状態を呈している。

世界文化遺産の中でドーナツの内側に遺っている建造物は二条城、西本願寺、東寺の三件のみである。

焼亡したものの多くは戦国時代以前の戦乱によるものであり、戦国時代を過ぎると戦乱も少なくなった。

一七八八年の天明の大火では当時の京都の八割が焼亡したが、二条城は周囲に堀があり、周囲の民家からは境内の建造物までに離隔距離があり焼けなかった。西本願寺はこの火災が京都の主として北で起こり、六条通り以南は火災にならなかったし、東寺は東西本願寺よりもさらに南であるのが幸いしたのである。

豊臣秀吉や徳川家康、家光などは方広寺、二条城などを新しく建立するとともに、古くからのものが失火などで焼けたときに、それらを救済したり復興・寄進なども行ってきた。しかしながら、江戸時代になってから建立されても、その後の地震や火災で失われたものもあり、それらの中でも未だ重要な文化遺産としては認定されていないものが少なくない。すなわち、文化遺産としての重要な建造物に関してはドーナツ化したままなのである。

東寺の五重塔は、過去に五回焼亡しており、現在のものは一六四四年に徳川家光により復興寄進されたものであり、その数十年前には秀吉により復興寄進されている。東寺は京都のまちの南のはずれに近いにもかかわらず、何度も焼亡しているのは戦乱によるものであろうし、洪水被害も受けているが、それでも何回も再建されているのは弘法大師に対して武士や貴族の帰依するところが強かったことを物語る。

では、建造物以外の文化遺産についてはどうであろうか。各種の伝統的な無形遺産の類いは人の居住する場所において形成されるから、こうした文化遺産は空洞化することなく京都の中心部に多く遺されている。すなわち、伝統的な無形文化遺産の多くは建物と違って動かせるものが大多数であるから、地震や洪水のような自然災害のみならず、戦乱や放火などの人災に際して、安全な場所に運ぶことによって災厄を逃れられたのである。

例えば、藤原道長による自筆の日記である国宝「御堂関白記」は近衛家が守ってきたが、応仁の乱に際しては京都盆地の北辺ともいうべき岩倉に避難していた。

東寺百合文書も二〇一五年に世界記憶遺産に登録された。これは奈良時代から江戸時代にまでに及ぶ二万五千通に達する文書群であり、それらの保存のために適した桐の保存箱百合（個）を加賀の前田家が寄進して東寺に保管されてきた。これも文化遺産と同じように町の中心に無かったことから火災に遭わずにすんだのであろう。一九六七年には東寺から、京都府が買い取って現在は京都府総合資料館（歴彩館）に保存されている。

この例のように動かしうる文化遺産においては、ある種類の危険性、特に火災に対して、地震のように時間的に余裕のない場合以外は、安全なところに持ち出せるから、ドーナツ現象は起きていないし、今後ともこうした事態にはならないと期待できるものの、そのための努力を怠ってはならない。

このように、歴史的建造物の場合には、周辺の家屋から遠いことで延焼を免《まぬか》れてきたが、現在は可燃物としての木造家屋に取り囲まれている。歴史時代より圧倒的に危険性が高まっている。そして、火が及んだ時には外縁部も焼けるから、ドーナツ状態はなくなることを意味している。歴史時代にドーナツ化が起きたことは望ましくないことであったが、将来においてドーナツ現象が消えることは、遺っていたものが焼亡することを意味するから更に望ましくない事態になるのである。

四・七　文化遺産防災の国際研修

文化財と防災に関わる分野は互いに関係のない分野であると思っているのは、世界中どこでも同じである。それは国際防災の十年（ＩＤＮＤＲ：International Decade for Natural Disaster Reduction）の日本代表の一人として、十年ほど関わった経験からして言いうることであり、世界の防災問題ともなると森林火災のみならず、イナゴやバッタによる食糧難の問題なども大きなテーマとして議論されたが、およそ文化遺産という言葉は話題にもならなかった。

文化遺産の震災といえば、広く知られていたのはイタリア中部の一九九七年のアッシジ地震での聖フランチェスコ教会である。ここはゴシック建築の教会堂であるが、小高い丘の上にあり、地盤はしっかりしているからガタガタと揺れる成分が卓越する。こうした揺れに比較的弱い教会堂が被災した。この教会はイタリア中部でも重要な教会であることから、世界中から多くの喜捨があり、早く復興された。それでも文化遺産の災害問題が一般論として取り上げられることはなかった。

ＩＤＮＤＲは「まえがき」にも記したが、米国の科学アカデミーのフランク・プレス会長が一九八四年のサンフランシスコで開催された世界地震工学会議で提案したものである。それは一九九〇年から二〇〇〇年までの十年をかけて世界中の自然災害を軽減しようと言うものであった。

ＩＤＮＤＲの準備会議は一九八五年から一九九〇年までに、世界中で場所を変えて何度も行われたが、この準備期間にも地震災害だけに限っても大きな災害が発生している。

一九七六年のイタリアのフリウリ地震では九百九十人、中国の唐山地震では二十四万人、一九八〇年のイタリアのイルピニア地震では四千七百人、一九八一年のイランでの地震では三千人、一九八五年のメキシコの地震では五千九百人の生命が一回の地震で失われている。

それぞれの地震で失われた文化遺産は人命に劣らず膨大なものであろうが、当時は防災の分野では文化遺産が話題にもならなかったから、どのようなものが失われたかについては、ほとんど知られていない。

四、　文化遺産と防災

被災については、それぞれの国の文化財の専門家による調査資料によるしかない。筆者のような地震工学関係の研究者は、世界のどこかで地震が起きると、速《すみ》やかに被災現地に出かけ、いろいろな被害調査を行って報告書や論文を書く。それらを現在、取り出してみても文化財についての記述はほとんど見られない。

世界文化遺産条約の発効は一九七二年であり、これはヨーロッパの石造建築物が主な対象であった。ＩＤＮＤＲの議論をしていた一九八四年の時点では十二年しか経っていなかったことになる。世界文化遺産の概念が現在のようには広まってもおらず、世界文化遺産に指定されたものも限定的であったから、ＩＤＮＤＲの視野に入っていなかったのは仕方がない。ＩＤＮＤＲの対象領域がはるかに広がったのである。

また、世界文化遺産が提案されて、早くから論議の進んだのはヨーロッパであり、イタリアなどの地中海沿岸での地震以外には、自然災害がアフリカ、アジアなどに比較して少ないことも一因である。このように、近年まで、あるいは現在も世界を見渡した時に、文化遺産と自然災害とを結びつけた考えは、あまり見られない。

こうした状況下で、わが国では二〇〇二年から二年間にわたって、全国の国公私立の大学が参加した大規模な競争的研究費であるＣＯＥ（Center of Excellence）の公募が行われた。これは各大学がそれぞれにいくつかのテーマについて、学長を代表者として申請するが、競争率は大変高い研究費であり、世界的にも高いレベルの研究拠点の形成と博士課程の充実とが課せられた課題であった。筆者の属する立命館大学からも文化財防災をテーマとして応募して、これはユニークさが評価されて採択された。

しかしながら、応募した二〇〇三年当時は文化財の防災というような分野の研究は確立されておらず、実績も全くない状態であった。NPO活動は一九九七年から行っていたが、これは大学での研究とは目的も手法も異なるから、COEの研究実績とはならなかった。他の分野の研究では国の内外や文化系・理科系を問わず、応募する研究分野で先人の達成したレベルをどこまで引き上げる可能性があるかで、採否を決めることになる。

文化財防災に関しては、世界のどこにも先人の実績はなかったから、ゼロレベルからの研究開始であり、審査会では文化財防災の研究の必要性と重要性を訴えるしか方法はなかった。審査会でのこうした訴えは珍しいが、幸いにもこの作戦が成功して採択され、数多くの実績ある分野に互して、他に類を見ない研究を開始した。

四、 文化遺産と防災

世界でも類を見ない分野への挑戦であった我々の応募が採択されたのは審査員がゼロから出発している研究テーマの意義を認めたからであり、審査員に敬意を表している。

一方、高い目標を定めて、世界に誇れるような研究を進めることは可能であるが、博士課程の学生の教育の達成は、研究者にすら知られていない分野であるから、当初から困難が予想された。ましてや、この方面の研究をして博士の学位を取ろうとする学生を確保することは極めて困難なことであった。そこで、博士課程の学生の確保に努めるとともに、一方では国際と教育という課せられた二つのキーワードを併せて達成するために、文化財を専門とする海外の若手と防災の分野での研究者や行政者を京都に招き、両者を合体して文化遺産防災についての国際研修を行うこととした。

毎年の国際研修の冒頭では、これまでは無縁であった二つの分野の融合が如何に重要であるか、文化遺産を毀損《きそん》することなく後世へ継承することの重要性と災害から守る手立てを事前に講じておくべきことの必要性を説き、実例としてわが国での国と自治体の協力により行われた事業の例を紹介した。

この国際研修には国の競争的研究であるCOEの研究費を充ててきたが、研究プログラムは国の政策として行われたものであるから、十年を経過した時点で文部科学省からの研究費は途絶えたが、引き続き立命館大学が必要な経費を支弁したので、国際研修は続いて行われている。

そのうちに海外から聞こえてきたのは、意義深い国際研修であるけれど、毎年応募者は図9に見るように増えているのにもかかわらず、受け入れ者が八～十名なのは少ない、もう少し増やせないかとのことであった。しかしながら、研修生と一部の海外からの講師の渡航費や滞在費のすべてをまかなうには相当な経費を要するので期待に応えられないでいた。ところが二〇一四～二〇一六年までの三か年はトヨタ財団が毎年一千万円ずつの財政支援をしてくれたので、研修生もほぼ倍増できた。この国際研修には研修生の募集や応募者からの選定、プログラムの推進、講師派遣などにおいて、ローマのICCROM（文化財保存修復研究国際センター）やパリのユネスコなどの国際機関から多大で無償の人的支援を得ている。特にこの二つの国際機関は当国際研修の意義を世界でも唯一のユニークな事業として高く評価しており、両機関はともに文化遺産の専門家を研修者への講師として派遣してくれている。

四、 文化遺産と防災

この研修では、事業の技術的な内容のみならず、財政的な仕組み、実施団体の枠組みの構成、国との調整方法など多岐にわたる講義を行っている。プログラムは約二週間にわたるが、そこでは公式言語はすべてが英語であり、座学のみならず東北大震災の被災地の訪問、京都の歴史遺産の見学などが行われ、研修生がそれぞれの国の代表的な文化遺産を災害から守るための計画を立て、

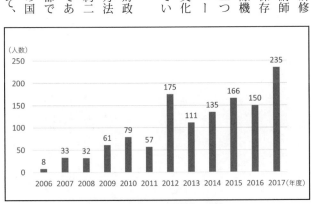

図９　国際研修の応募者の推移

卒業の際に発表することを締めくくりとしている。

　こうして、文化遺産と防災という、これまで無関係であった分野を日本のみでなく、海外に対しても少しずつ広める活動をしており、それが内外の関係者から評価され、これに関心を持つ人たちも図9（一四五頁）に示すように毎年増えていて、嬉しい悲鳴を上げている。

五、京都と文化遺産

五・一　五山の送り火

京都の夏の風物詩といえば「五山の送り火」であり、「地蔵盆」である。これらは京都にとっては重要な無形遺産でもある。

祇園祭の一か月後に「五山の送り火」がやってくる。この催しはよく知られているが、しばしば「大文字焼き」と言われる。こういう言い方をすると違和感を持つ京都の人も少なくない。送り火は灯《とも》すのであり、焼くのではない。「五山」も略して、この行事を「大文字」ということの方が多いようだ。

点火の順でいえば、「大文字」、「妙法」、「舟型」、「左大文字」、そして「鳥居」である。午後八時に「大文字」の火が点いてから、ほぼ五分おきに点火される。最初の四つは市内の中心部のほとんどの所から見ることができるが、「鳥居」は**五・三**に記した「平野屋」の近くの「化野《あだしの》」にある。ここは京都の奥座敷ともいうべき西北隅なので、町の中から目にすることは困難である。しかし、平地でも嵐山の渡月橋など特定の場所からは見えるし、市中にも遠くまで見渡せる高い所に展望台を設けている建物もある。

これらの送り火は、いずれも地元の人々により組織された保存会が運営している。雨が降っても中止になることはない。二〇一六年の送り火の当日は土砂降りの雨であったが、それでも五山のすべてが点火された。テレビ局は事前から雨に備えて用意をしていたようであるが、それでもこの夜は画像が良くなかったそうである。筆者は立命館大学の七階建ての本部ビルの屋上に設けた展望台に出るはずであったが、あまりにも雨が激しくて、屋上階に行ったものの屋外には出なかった。毎年立命館が数組のご夫妻をお招きしての催事であり、客人へのお相手役で何度も参加しているが、雨のために屋上に出なかったのは初めてであった。

送り火は宗教行事の一つであるから中止にはしない。お盆でこの世に戻っている精霊を冥府にお送りするというのが「送り火」の所以である。

数年前のことである。雨が降りそうな時に、京都市の高官が大文字山の火床で準備している人々に、「大雨では観光客が困るだろうな」と言ったところ、保存会の人から、「雨だからと言って黄泉の国に帰る霊をお送りすることを中止することはありえない」と、叱られたと聞かされた。

火床《ひどこ》の数は五山のそれぞれによって異なり、五十から百程である。火床は松の木を割って井桁に組んで、一メートルほどの高さに積み上げる。火床の上には病気の治癒や各種の願文を書いた護摩木《ごまぎ》を載せておいて、読経の後一斉に火を点ける。

「大文字」は各火床に同時に火を点ける。金閣寺の裏山の「左大文字」は筆順の順序で点火する。ちなみに、御所に向かって左側にあるのを「左大文字」と称するが、最も著名で大きなのは銀閣寺の裏にある如意ケ岳《にょいがたけ》、通称大文字山の「大文字」である。

また、「鳥居」以外の所では火床で火を点けるが、「鳥居」だけは、親火の所で松明に火を点けてから、保存会の人々が松明を各火床に走って運ぶのである。

「五山の送り火」がいつ始まったのか、起源については、平安時代から江戸時代までの諸説があり、古くから知られた行事にしては確たる資料が少ない。特定の寺社や公家などが主体的に行っていたのであれば、寺史や日記などの文字により遺されたであろう。実際には地元の庶民が自主的に行ってきたため、歴史として記述されることがなかったのではないだろうか。

五・二　地蔵盆

もう一つの風物詩は「地蔵盆」である。

これも京都人なら誰もが知っていて、なじみ深い行事であるが、これを見に訪れる観光客はない。この地蔵盆は民間伝承に基づくものであるから、文化財や文化遺産の分野で取り上げられることは多くはないが、京都の広隆寺にある国宝第一号である木造弥勒菩薩半跏思惟像と深い関わりを持っている。釈迦の入滅後、五十六億七千万年後に、最上位の仏である釈迦如来が現れるまでの間の衆生の苦しみを救う仏が弥勒菩薩と地蔵菩薩であるといわれている。

地蔵菩薩信仰は平安時代には生まれており、法隆寺の地蔵菩薩立像は平安初期の作とされている。地蔵菩薩は仏堂に安置されるのではなく、各地の寺院境内、村の入り口、峠、あぜ道、四辻、墓地の入り口や墓地内などの野外に安置されたが、野山、路傍に多いのは庶民信仰の表れであろう。京都の南に六地蔵という所がある。ここは京都から宇治への通り道であるから、藤原道長やその一族も平等院への往き帰りに通っていたことは間違いなく、宇治方面と大阪方面との別れ道の道標の一つとしての六地蔵であったのであろう。

地蔵盆は子供の祭りである。基本的には京都を中心とする関西地方では知られているが、関東では珍しい。関西でも大阪では京都ほど盛んではないようである。どうやら仏教もしくは寺院の数に関わりがあるように思える。言うまでもなく地蔵盆は町の辻々にあるお地蔵さんを中心にして行われるから、お地蔵さんの数だけ地蔵盆があると言えよう。

京都市が二〇一三年に行った六千六百余のアンケート調査の結果によると、七九％が地蔵盆を行っており、運営主体は町内会・自治会である。お地蔵さんを祀っている町内では九四％が行っており、お地蔵さんを持たない町内では三七％になるが、この場合には借りたり、仏画を利用するなどの方法を取っている。開催場所はお地蔵さんの祠の前が三九％、個人宅が二三％であり、ガレージや空き地、公園などが続いている。

京都市は、定義や概念、保存団体が不明確であることから、現行の法令上、文化財としての指定・登録が困難なものもあるが、それでも、大切に引き継いでいこうという市民的気運を盛り上げるため、二〇一三年に無形文化遺産を守る独自の仕組み〝京都をつなぐ無形文化遺産〟制度を創設している。

第一号は「和食」であった。そして第三号が「京の地蔵盆――地域と世代をつなぐまちの伝統行事」であった。やはり地蔵盆は京都としても大切な文化遺産なのである。

地蔵盆は地蔵菩薩の縁日である八月二十四日に行われる。子供たちは夏休みであっても世話をする大人の都合で土・日に実施されることが多い。筆者の自宅は洛外の三宅八幡神社の参道近くにあり、ここから三十メートルほどの所にお地蔵さんと祠《ほこら》があり、そこで地蔵盆が行われてきている。道幅四～五メートル程の参道を五十メートルあまりにわたって車両の乗り入れ禁止として、祠の前にテントを張り、僧侶の読経の席を設《しつら》える。テントの中には子供の名前を書いた提灯を数多く吊るす。男性がテント張りなどをしている時に、女性はお地蔵さんを拭いたり、飾り付けやお供えなどを整えたりしている。

二〇一七年の地蔵盆は八月十九日（土）に行われた。朝の六時半に関係者十数名が三宅八幡神社にある物置小屋からテントをはじめとする諸道具を運び出して、子供達が集まってくる十時には準備を終えていた。近頃は少子化の故か主役である子供の数が世話をする大人よりも少ないのも稀ではないようだ。

子供達は世話する大人達と一緒に昼食にカレーを楽しみ、ゲームで盛り上がっていた。六時半から始まる夜の部は、子供の祭りというよりは地域の人々が集まって懇親の場となる。この時にはテントの外にもブルーシートの上にゴザを敷き詰めて、四十名ほどが車座になって飲食を楽しむ。その席ではゲームも行われ、筆者も二回「ビンゴ」を達成して景品をもらった。

筆者は日頃は隣近所の人々と顔を合わせても誰かが分からず、挨拶することもなかった。二〇一七年には町内会の役員を仰せつかり、朝の六時半から夜の九時にお開きになるまで、自宅に出たり入ったりする時間も入れて十五時間を共に過ごすことになった。地域社会の人々との親交を深めるには大いに有益であった。古くからお地蔵さんのある地域では地蔵盆が続いているが、新しく開発された住宅群ではお地蔵さんもなく、地蔵盆が開かれることはないようである。代わりに「子供夏祭り」などを企画して地域社会のつながりを深めている地域もあると聞いている。

年に一度とはいえ、本来は子供たちのお祭りであった地蔵盆が、時代を反映しているとはいえ、地域の子供達のみならず大人たちの親睦の場に変わって続いていることは、一種の文化遺産として意義深いことである。

五・三　鮎茶屋と伝統的建造物群保存地区（伝建地区）

京都の奥の院とも言うべき鳥居本《とりいもと》は京都盆地の西北の隅であって、ここに八月十六日の五山の送り火の一つである「鳥居形松明」があり、これは五山では一番西にあって、これを見ることができる場所は市内でも限られている。鳥居本一帯は昔は「化野《あだしの》」と呼ばれ、東山の五条坂と同じように葬送の地であった。今も念仏寺があり、小さな八千もの石仏がところ狭しと並べられている。この一帯は小さな集落であるが、「伝統的建造物群保存地区」に指定されている。

ちなみに、京都市内では、伝建地区に指定されているのは、ここ「嵯峨鳥居本地区」の他には、「産寧坂地区」、「祇園新橋地区」、「上賀茂地区」の四地区である。

鳥居本に古くからの鮎茶屋「平野屋」がある。この料理屋は集落のもっとも奥にあり、愛宕山への登山口の直近であって、愛宕神社の一の鳥居のすぐ内側にある。ここで一息ついてから、二の鳥居から順に上り詰めて本殿に至るのである。

京都盆地の東の最高峰は比叡山であって、そこに延暦寺があるのは広く知られている。これに対して京都の西の最高峰が愛宕山であり、標高は九百二十四メートルであって、比叡山の八百四十八メートルより少し高い。ちなみに、一般に大文字山と称される如意ヶ嶽は四百七十二メートルであるから、愛宕山は大文字山の二倍弱の高さである。また、愛宕神社は火伏せ・防火に霊験のある神社として知られ、「火廼要慎《ひのようじん》」と記されたお札は京都のまちでは台所や厨房のいたるところで目にする。

平野屋は約四百年前に建てられており、母屋の一部は傾いていて、廊下には傾斜している箇所もある。四百年余の拭き掃除の所為か廊下は黒光りしている。広い台所には煮炊きのための「おくどさん」が座っており、これは今も使われている。入り口には二つの床几が置かれていて、ここには緋毛氈《ひもうせん》が敷かれていて、店先まで迫っている山の木々との対比が季節を問わず美しい。茅屋葺きの屋根は苔《こけ》むしている。

店に入ると幅が四間ほどの上がり框《かまち》があり、ここで靴を脱ぐ。もちろん畳敷きであるが周囲の壁近くには、はるか遠い東の祇園や上七軒から客が連れてくる芸妓の名入りの団扇《うちわ》をたくさん飾ってある。さらに進むと廊下を隔てて、廊下沿いに三つの和室が、少しずつ前後にずれて配置されている。部屋の奥には縁側があり、さらに一段低くなったところに庭が広がっていて、部屋のすぐ下には生簀《いけす》があって、鮎《あゆ》がピチピチと跳ねる音が聞こえる。この生簀には漁師が前日に捕えた鮎が放たれていて、そこで砂を吐き出して食べやすくする。


愛宕山は古くから信仰の対象でもあったから、京都の嵐山から愛宕山の麓までの鉄道があり、そこから山上までのケーブルカーもあった。しかしながら、第二次世界大戦に際して、不要不急の鉄材が徴収された際にケーブルカーなども廃線となったままであり、現在はそれらの跡形もない。往時は山頂には遊園地やホテルまであって賑わっていたとは想像もできない。

東の比叡山には現在もケーブルカーとロープウェーがあり、京都市内からドライブウェーも山頂まで設けられていて、バスや自動車が行き交うのとは対象的である。

賀茂川と高野川が合流する地点が出町柳であり、そこから八瀬までの鉄道が一九二五年（大正十四年）に敷設され、同年さらに八瀬から比叡山の中腹までのケーブルカーが設けられた。

その三年後の一九二八年(昭和三年)にはケーブルカーの終点から比叡山頂までのロープウェーが架けられている。愛宕山のケーブルカーも同年に建設されているから、奇しくも京都盆地の東西の巨峰が同時に開発されたのである。

しかしながら、現在の状況は全く違っていて、愛宕山の登り口である鳥居本が比叡山麓の八瀬や北白川方面に相当するとはとても想像できない。

鳥居本は古くは江戸時代から明治・大正にかけて賑わっていたようであり、それ故に昭和の初期には山上までのケーブルカーが敷かれることになったのであろう。

そのことを思えば現在の愛宕山もしくは愛宕神社に繋がる麓の鳥居本の伝統的建造物群は、比叡山と延暦寺やそこに至る山麓のまちとは相当な違いが生じている。京都盆地の最北端の東西の地の在り方は、全く違っている。

現在の鳥居本の状況と過去の歴史を見ていると、鳥居本あるいは「嵯峨鳥居本伝統的建造物群保存地区」の将来が危ぶまれる。

平野屋はバブルの頃には客も多く、別棟の客室も増設した。現在はこれを使う必要もないくらいに客が減っている。三部屋ある母屋の客室も満室になることは多くはないという。愛宕山へのドライブウェーも車は少ないし、愛宕神社への参拝客は非常に少ないこと、料理屋を接待に利用することが往時に比較して極端に減っていることなどを考えると、平野屋や近所の料理屋の先行きが気になるところである。平野屋を含む鮎料理屋は、この地区の中心的存在であり、建築後四百年も経っていることを考えると、所有者の努力だけで、この地区の意義を支える事には限界もあるのではないだろうか。

鳥居本には念仏寺へ来る観光客相手の喫茶店などもあるが、状況は似たようなものであろう。料理屋へ来る客は車やタクシーであるから、地元の集落の土産物店などへの貢献は多くはない。しかしながら、そうした客は宣伝効果もあるだろうから、料理屋の客の減少は地元への影響も間接的であっても無視できないであろう。

京都の四つの伝統的建造物群保存地区のうち、産寧坂地区は清水寺と強く結びついており、上賀茂地区は上賀茂神社と関わりがあって、それぞれに参拝客や観光客があるから、将来も問題は起こらないであろう。

祇園新橋は飲食店なども多い歓楽街の真ん中にあって、伝統的な建築物が見られる地区であり、両者の対比が面白いという特徴があるので、歓楽街の灯が消えない限り存在意義が薄れることもないであろう。

この点、鳥居本地区はこの集落自体で成り立っているので、他の三つの伝建地区のように、連携して相乗効果の期待できるものが少ない。

このように伝統的建造物群保存地区といっても、建造物群だけでは成り立たない。周辺の町並みとの連携が重要であって、その部分が廃れてゆけば、建造物だけが残っても経済的には維持することが困難になるであろう。特に、建造物が個人住宅や個人経営の事業の場合は特に問題である。

祇園新橋伝建地区は祇園の中を流れる白川に架かる巽橋から西に向かう木造二階建ての家屋群であり、住居とお茶屋が混じっている。白川と石畳、それに時期によっては桜並木が寄り添う小規模な地域である。

ここは狭い地域が特殊な発展をしてきたので、似たような木造の二階建ての家屋で統一されている。したがって、建築基準法の影響を強く受ける可能性が高く、基準が緩やかな場合には問題が起こらないが、そうでなければ、この地域一帯が危なくなる。京都市の建築基準が二〇〇九年二月に改正されたが、この地域の建物には受け入れやすいものであったので、今後も大きく影響されることはないであろう。

上賀茂地区伝建地区も祇園新橋と似たような環境下にある。社家《しやけ》と呼ばれる神官の屋敷町が展開しており、上賀茂神社から流れ出る明神川に沿って家並みがあり、それぞれの家には明神川に架かる二～三メートルの石橋を渡って入る。どの家にも石垣の上には瓦屋根付きの漆喰塗りの塀や土塀が連なっていて、まるで一軒の家のようにすら見える。

こういう所であるから、雑多な建物が混在していないので、建築基準や景観条例などの影響を受けやすい。現在は問題ないが、これが将来とも大きく変更しないことが望まれる。

産寧坂は上述の三つの伝建地区とは趣を異にしていて、周辺の民家は多くは土産物屋や観光客相手の軽食喫茶などが多い。観光客を介して清水寺とは強く結びついて運命共同体的な性格を有している。

東山方面の山麓の下方で大きな火災が発生すると、いわば登り窯のように火が上へ上へと伝わり、行き着く先が清水寺である。そこで、産寧坂あたりの住民と清水寺は一九四八年に清水寺警備団を結成していて二名一組で毎日夜間に巡回警備を実施しており、消防庁長官賞を受賞している。また、清水寺で火災が起こった時には、各々の仏像などを住民が運び出す体制までできている。

この警備団の基本に倣《なら》って、京都市には文化財市民レスキューチームが二百以上設けられている。消防局の目標であった二百を超えて、二〇一七年段階で二百三十八チームに達している。

産寧坂地区には東山消防防災水利システムが完成していることと合わせて、地震火災に対しては万全に近い仕組みが整っている。

これに対して祇園新橋、上賀茂、鳥居本のいずれも火災や水害に対して、周囲の地域より高い安全度を有しているとは言い難い。伝統的建造物群保存地区の防災問題を考える際には重要な観点である。

五・四　観光客と文化遺産

京都の岡崎に永観堂《えいかんどう》というお寺がある。紅葉で有名な三寺院の一つであり、交通の便も良いから秋には多くの人が訪れる。ここは空海（弘法大師）の弟子である真紹僧都《しんしょうそうず》（七九七〜八七三）によって建立されている。

平安京が七九四年に造営されてからは多くの寺院が建立されたように思われているが、実際には都が平城京から平安京に移って以後は平安京では寺院の建立は許されていなかった。それは、平城京の時代には奈良仏教の専横があり、これを排除することも桓武天皇による平安京の造営の背景にあったともいわれる。

清和天皇はそうした方針にもかかわらず、八六三年に永観堂を初めて公認して禅林寺《ぜんりんじ》の寺号を与えた。実に平安京の造営以後七十年ほどが経ってからである。平安期に建立された寺院の第一号である。当初は空海の開いた真言宗の道場であったが、この禅林寺が永観堂と称されるようになったのは、永観律師が一一〇〇年頃ここに住んだことによる。

永観堂と紅葉の関係は古く、古今集に「奥山の岩垣紅葉散りぬべし、照る日の光、見る時なくて」と詠まれているが、これは真紹僧都に自分の別荘を寄進した藤原関雄の和歌である。このように永観堂は千年も昔から紅葉の名所として知られていたのである。

現在も永観堂は、神護寺、東福寺と並んで京都の紅葉の三大名所の一つとして知られているが、これらの寺院も観光の名所として知られることにより、本来の美しさと宗教的深淵性が失われつつあるように感じられる。

二十年ほど前に、観光客の雑踏を避けるために、朝早い時間に永観堂を訪れたことがある。朝の光の下での紅葉の色鮮やかさを記録として残すために、少し上等のカメラを携えて永観堂を訪れた。多くの赤く色づいた楓の木々からの落ち葉が、密生した苔の絨毯の上に散らばり、赤と黄緑の見事な模様が出現していた。

その時に驚くべき出来事に出会った。園内には歩経路が設けられていて、それに沿って地上から四、五十センチほどの高さの細い杭が所々に打たれていて、これらを繋ぐように棕梠縄《しゅろなわ》が張られていた。あちらこちらを歩きつつ何度かシャッターを切っていたが、ふと気がつくと、「立ち入り禁止」の札が付けられた縄を超えて、苔の絨毯の中に立ち入って自分たちの写真を撮っている祖母・母・子供らしい三代の女性に出会った。

しばらく様子を見ていると、写真を撮る位置を変えるために、緑の絨毯の上をあちらこちらと歩いて紅葉を靴で踏み散らかし、苔の上に足型をつけるなど踏み荒らしているのに気がついた。そこで、少しの間様子を見てから、子供の母親とおぼしき女性に対して、「ここに、立ち入らないで下さい、と書いてあるでしょう」と、言ってもチラッとこちらを見ただけで知らぬ顔。そこで、もう一度「お子さんの教育にもよくないでしょう」と言ったら、こちらへ歩いて出てきて、縄をまたいで出るときに「小うるさいおっさんやなー」と捨て台詞を残して去って行った。

五、 京都と文化遺産

京都においては文化遺産が観光資源となっている場合が多い。このことに問題はないが、永観堂で出会った親子三人連れのように、観光の一環として紅葉を観にきている人にとっては、文化遺産でもなければ宗教行為の場でもないのであろう。

京都では、観光資源イコール文化遺産であることが多いから、そのような場は文化遺産であり、かつ宗教行為の場であることを意識してもらう必要がある。

これは一般の観光客の文化遺産に対する意識、理解度の問題であるから、一朝一夕には改まることはないであろうが、後世の人のことを想うなら、その実現のために関係者は努力を惜しんではならない。

しばらく前のことであるが、ある特定の寺院で、訪問者がその寺院の所有する文化財について解説した冊子を数百円で購入し、説明を受けたい事物の前で該当するページを開いて、スマートホンをかざすと、スマートホンから解説する音声が聞こえる方式を採用していたことがある。

しかしながら、例えばあるお堂の前で立ち止まって仏像に手を合わせている人の隣でスマートホンから解説が聞こえてくるのは、手を合わせて祈るという宗教行為をしている人を冒涜《ぼうとく》するのではないか、との意見が仏教界で起こり、京都仏教界ではそのような冊子の販売には協力的ではないようである。

美術館や博物館では音声ガイドは一般的に使用されているが、それはイヤホーンでの使用に限られていて、他の参観者に迷惑をかけることはない。

では、神社仏閣でもイヤホーンでありさえすれば問題は無いのであろうか。やはり、この方法も問題がある。なぜならば観光の対象であっても、本来は宗教施設の内部であることを忘れてはならない。寺院の塔頭の前で静かに頭を垂れているだけであっても、瞑想に耽《ふけ》っているかも知れず、イヤホーンで聞いた説明を連れの者に話すこともあるであろう。美術館とは根本的に異なるのである。

数年前であったろうか。天龍寺へ行って住職さんとお話しした帰り道に、お堂の前にさしかかると、お堂と庭の間の砂利敷きの歩経路に十数人のアジア人のグループが固まっていて、その中の数人ずつが変わる代わる写真を撮り合っていた。

そうこうするうちに、広い範囲を撮りたかったのであろうか、小石を踏み越えて庭の苔の中に入り込んで歩経路上の連れの者の写真を大きな声で喋りながらお堂を背景にして撮り始めた。こちらには分からない言葉で、右へ寄れ、左に詰めろと指図している。その間、こちらは前を横切るわけにもいかず立って撮影の終わるのを待つしか無い。

写真を取り合うのを好む国民性は以前から承知していたが、立って待っている者を先に通すということさえ、気付かない。それとも知っていても知らぬ顔をしているのであろうか。そして、少し離れたところにいる他のグループの者に、大声で何かを伝えている。まず現在の日本人ならば、外国に行ってこのような振る舞いはしていないのではないか。観光地といえども宗教的な場で、眉《まゆ》をひそめるような行為を日本人がしないことを願うばかりである。

宗教的行為を行う場については、日本人はある種の規範を有しているように思われる。そうでない国からの観光客にも数か国語で、「ここは宗教の場であるから静かに雰囲気を味わって欲しい」というような伝える方法はないのであろうか。ヨーロッパの教会でも肌をあらわにした姿は禁止され、入口にはこの旨の文言を掲げているのは周知のことである。

京都から八瀬・大原に行くのには銀閣寺からの白川通りを北上して、花園橋で東に分かれて高野川に沿ってさらに北上するが、この橋の近くに筆者の住まいがある。この自宅から七、八分ほど高野川に沿って八瀬方面に歩くと栖賢寺《せいけんじ》がある。極めて小さなお寺で、八瀬・大原方面への街道から少し入ったところなので多くの人は気がつかないであろう。

このお寺の庭の紅葉は規模こそ大きくないが、時期によってはまことに見事であって思わず見とれてしまう。筆者は逆光での紅葉の透き通るような美しさに引き込まれて、たくさんシャッターを切った。それを持ち帰ってプリンターにかけても、プリンターやパソコンをどのように調節しても実際に目で見る透明感だけは再現できず諦めざるを得なかった。基本的には自然光は三原色を混ぜれば白になるが、人工の色は黒になるのであるから、当然と言えばそれまでだけれど、自然光での透明感はプリンターでは出せないのである。

それは措《お》くとして、紅葉の庭の出口には「この庭の紅葉が美しいと思うなら、親しい人にもこの庭の事は話さないで下さい。話を聞いて多くの人が訪れるようになると庭が傷んで駄目になるからです」という趣旨の文章が住職の名で掲示されていた。もちろん、入園は無料であったが、数年間通う間に紅葉の密度が薄くなるように思っていた。

数年行かなかった後、その後どうなっているかなと久しぶりに訪れて腰を抜かさんばかりに驚かされた。なんと旗を持ったツアーガイドが大勢の人を連れて来てザワザワ、がやがやしているのである。静かに紅葉を愛でてもらいたいという、住職の気持ちを踏みにじることを平気で出来る人がいるのである。

この件も先の永観堂と天龍寺の場合も、いずれも筆者が直接経験したことである。文化遺産を毀損することなく後世に伝えることは、現代人の責務だと多くの人は考えているであろう。しかしながら、たとえ一部の人であっても、心ない人がいれば多くの人の努力は無に帰する。

五・五　京都のまちは特殊な町

一般に京都にはお寺やお宮さんが多いといわれる。確かにそうであることは図10（一六八頁）が示している。この図は日本の二〇〇〇年頃の時点の、政令都市での人口十万人当たりの文化遺産の数を、横軸に示してある。言い換えれば寺社の人口に対する密度を表している。図中のグレーの棒グラフが寺社を、黒の棒グラフが国宝と国指定の重要文化財の和である。これによれば、確かに京都は他の政令指定都市よりも寺社の数が多いことは認められるが、それも他の都市のたかだか二〜三倍程度である。

一方、国宝や重要文化財は、京都は他の都市より遥かに多いことが認められる。この図は京都の文化財の密度が他の政令都市の平均値の十三倍に達していることを示している。京都は一人当たりの重要な文化遺産の数が他の大都市より一桁以上多いのである。

重要な文化遺産を災害から守るための対策事業を行うに際して、一定の費用を投じる場合の効果を考えるならば、他の都市よりも効果が一桁高いのである。これが持つ意味は大きい。

文化財や文化遺産のことになると、京都は声高になる、京都は文化財帝国主義である、などとの批判が聞こえることもあるが、文化財や文化遺産の密度、それも都市の面積ではなくて人口との対比において一桁以上密度が高いことは、何かの事業を行う際には重要な

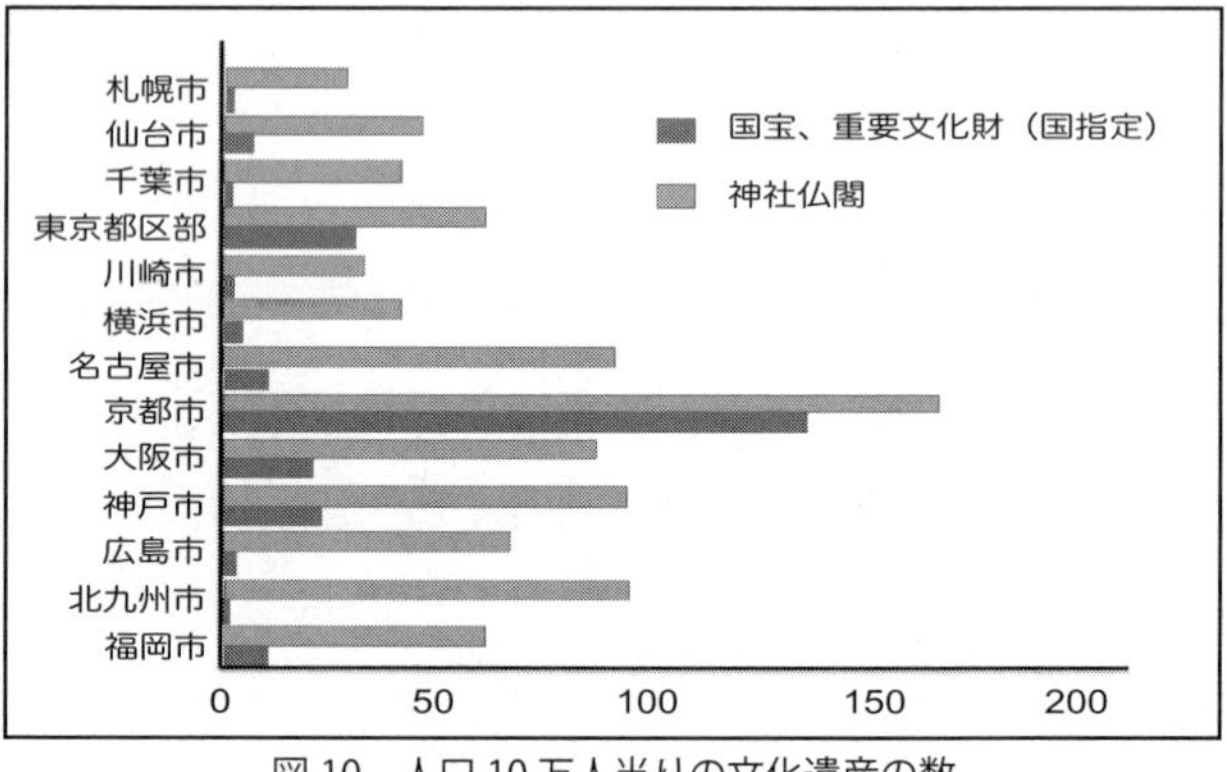

図10　人口10万人当りの文化遺産の数

視点であろう。

次に密度ではなくて文化財あるいは文化遺産の絶対数において比較してみよう。都道府県別の統計資料によれば文化遺産としての国宝の数の絶対数が多いのは、御三家は東京・奈良・京都である。

文化遺産は建物のように動かせないものと、絵画や墨書、彫刻や工芸品などのように動かせるものに分けることができる。

東京の場合には前者は二件のみであって、他の多数の物は美術館や博物館などに収納されている。地震や火災のような自然災害に対しては、美術館や博物館はそれなりの対応が可能であり、東京の場合にはこうした比較的安全な場所に移すなどの対策が既に行われている文化財も少なくはない。

五、 京都と文化遺産

ちなみに東京都の動かせない建築物二件のうち一件は迎賓館であり、二〇〇九年に国宝に指定されており、比較的最近である。それまでは東京都下唯一の国宝建築は、東村山にある鎌倉時代の正福寺というお寺の小さなお堂のみであった。このように東京では、外からの火災や地震などに対して被害、少なくとも延焼火災を受ける危険性はそれほど高くはない。

一方、奈良の場合にも国宝の数全体は東京とあまり大きくは変わらない。しかし、移動させられない建物は六十一件もあり、東京の二件に比較して圧倒的に多い。

幸いなことに、奈良の国宝建造物は斑鳩、飛鳥などに散在しており、国宝建造物を取り巻く民家などの密度はそれほどは高くない。

したがって地震の後などの火災が民家で起きても、それが寺社にまで延焼する可能性は比較的低いと考えてよさそうである。

しかしながら、近鉄奈良駅周辺には比較的古くからの木造人家が密集しており、その中に重要な寺院もあり、範囲は狭いものの火災危険度は高い。したがって奈良の場合には、春日大社や興福寺を含めた奈良市内だけが検討対象になる。

ところが、「古都京都」として世界文化遺産に登録されている京都の文化遺産、特に建築物は東京、奈良とは全く様相を異にしている。対人口比での密度は、奈良市についても政令指定都市と同様に計算すると、京都の約四分の一程度である。したがって、人口比においての京都の特殊性は揺るがない。

絶対数で見ると、京都府は国宝建築物が四十七件と奈良県より少ないが、ほとんどは東西が

十二、三キロメートル、南北が十四、五キロメートルでしかない京都盆地内に密集して、対人口比で見ると圧倒的に高密度である。京都は特殊なまちなのである。

「特殊なまち」といえば問題を抱えている街だと誤解されるが、表３は京都が良い意味でも特殊なまちであるという理由が理解できる。

この表は十三の大都市の人口十万人当たりの年間出火件数を示している。この表によれば、東京都区部や大阪市は人口十万人当たりに年間六件の火災を起こしていることになる。

この表では京都市が最も小さくて二・三である。京都市の人口は百五十万人弱であり、これに近い人口の都市は川崎市、神戸市、福岡市である。これらの市の出火率は、三・七、五・〇、三・五であって、京都市の二・三よりは大きい。人口が百万人に満たないのは千葉市と北九州市であり、出火率は四・四、五・〇である。

表３　大都市での火災発生率

都市	出火率	人口（万人）
札幌市	3.1	194.6
仙台市	3.5	108.5
千葉市	4.4	97.5
東京都区部	6.3	944.3
川崎市	3.7	150.0
横浜市	3.0	373.3
名古屋市	5.4	229.6
京都市	2.3	147.5
大阪市	6.6	269.1
神戸市	5.0	153.7
広島市	5.4	119.4
北九州市	5.0	96.1
福岡市	3.5	153.8

出火率と人口との関係は必ずしも明らかでない。しかし、人口が京都市より多い都市、少ない都市のいずれよりも京都市は火災の発生率が最小である。東京の区部に比べると、三分の一である。人口が三分の二である北九州市に比較しても二分の一以下である。京都は全国の大都市に比較してどこよりも出火率が最も小さいといって良かろう。

では、なぜ京都の出火率が小さいのだろうか。

第一に挙げられるのは、京都は他の大都市と違って戦災を受けていないことから、古い町が遺されており、燃えやすい民家が密集していて、細い路地が表4に示されるように、多く遺されたままになっている。東山区では戦前からの民家が三分の一に達していると言う。こうした状況下で自分の家から出火すると、隣り近所に瞬《また》く間に燃え拡がることを肌身で知っていて、火災に関して敏感なのである。決して火災を起こしてはいけないという意識が高いのである。

京都の細街路の中でも道幅が一・八～四・〇メートルの袋路（行

表4　京都の細街路

道幅： 1.8m 以上～ 4.0m 未満		道幅：1.8m 未満		
路 地	袋 路	路 地	袋 路	合 計
674km	100km	105km	62km	941km
6,900 本	2,650 本	1,730 本	1,680 本	12,960 本

き止まり路）が延べ百キロメートルに達している。こうした道は図11に示すように、京都の市街地の中心に集中している。京都人や観光客にはこうした袋小路がこれほど残っているとは思えないであろう。それは、こうした地域の住民以外の人は近寄らないから実感を持たないのである。何しろ袋小路だから通り抜けられないので、そこに特別な用のない限りは行かないし、気付かない。表４に示すように幅が一・八メートル以下の袋小路ですら、六十キロメートル余もあるとは驚きである。したがって、火災などの際に袋路の中の住民が逃げることを妨げないように、こうした袋小路の入り口は消防局が安全度を高める対策をしている所もある。

　このように、京都は文化遺産の密度、火災の出火率、細街路

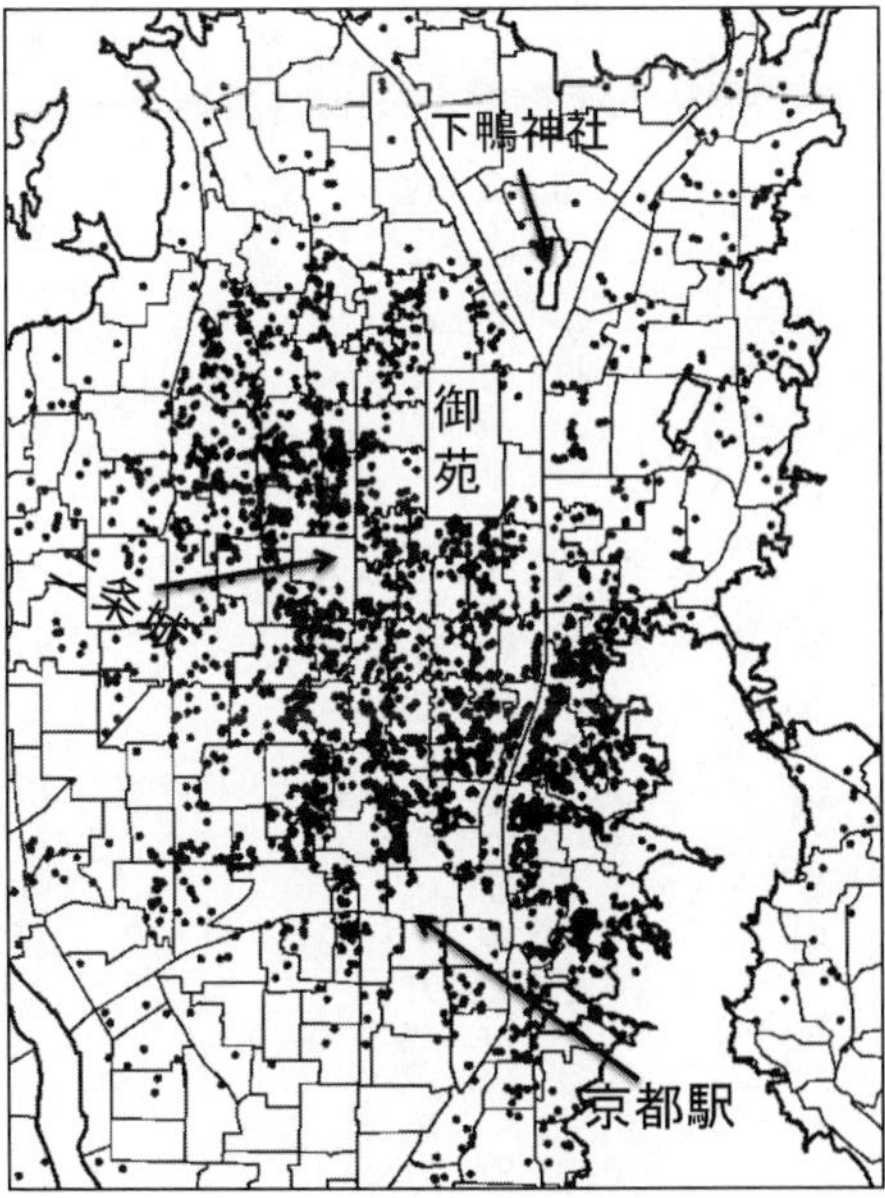

図 11　幅員 1.8-4.0m の袋路

の密度などにおいても他の都市に比較して特殊な町なのである。ひとえに京都が千二百年の歴史を持つと同時に戦災を受けなかったことの結果である。

五・六　泉涌寺での音舞台～新しい文化の創出

京都仏教会が「音舞台」という新しい文化と芸術に関わる活動を始めたのは一九八九年である。これは寺院の境内に舞台を設けて、ここで音楽と舞踊の専門家が演奏や演舞を行い、異なる芸術家が共演することで、両者の融合を図って新しい芸術・文化を創出しようとする文化活動である。

「音舞台」の副題は「東洋と西洋が出会うとき」であり、邦楽と洋舞の組み合わせの場合もあり、アジアの人々の出演もある。また、この音舞台は寺院に舞曲を奉納する場でもあり、こうした寺社への奉納舞踊は古くから行われている。この古くからの奉納舞踊に現代の西洋音楽を融合させて新しいものを作り出そうというのは、まさしく文芸復興そのものであり、西洋の言葉を借りればルネッサンスである。

換言すれば、「音舞台」は寺院においてルネッサンスを起こしていると言ってよいのではないだろうか。

「音舞台」の主催者は金閣寺での初回以来、京都仏教会ならびに会場となる寺社と毎日放送である。

この音舞台は宗派に拘《こだわ》りなく開催されており、京都のみならず奈良や宇治でも数回開かれていて、地域的にも京都に限らない開放された文化活動の一つである。

また、海外のホセ・カレーラス、キリテ・カナワなどの世界的に著名な音楽家のみならず、国内からも世界を代表する人々が毎回招聘《しょうへい》されていて、まさに国際的な第一級の音楽・舞踊活動である。現在はテレビでもＭＢＳ、ＴＢＳ系全国ネットで放映されており、放映の提供者は当初から日本航空であったが、最近は大和証券グループも加わっており、当日の作業支援者でもある。

二十九回におよぶこれまでのすべての音舞台の紹介や抜粋の解説は困難なので、二〇一五年に京都東山の泉涌寺で開催された「泉涌寺　音舞台」を例として、寺院でどのような新しい文化活動が行われているかを紹介したい。

天皇家の宗教行事は現在は神式で行われるが、鎌倉時代の後水尾天皇以来、孝明天皇（一八三一年崩御）までは葬儀は菩提寺であるこの泉涌寺で執り行われている。ここには鎌倉時代以降の天皇の過去帳も保存されていて、天皇の命日には過去帳の当該箇所が開かれている。

泉涌寺は東山通りとは数百メートルの緩い上り坂で結ばれていて、極めて閑静な環境下にある。坂道には玉砂利が敷き詰められていて、ザクッザクッと自分の足音を聞きつつ境内に至る。境内は比較的小規模であり、いくつかの堂宇は、春は新緑、秋は紅葉により彩られており、深い森のせいで深山幽谷の趣がある。泉涌寺は人家からは遠く離れているので、火災の延焼の可能性は低いと考えてよく、防災の観点からは大規模な山火事でもない限りは安全である。それでも応仁の乱にはここも被災したとのことであり、このような閑静な場所にまで攻撃の手が及ぶことを知り、応仁の乱の苛烈さを改めて知るに至った次第である。

「泉涌寺　音舞台」は二〇一五年九月十二日（土）に行われた。インターネットを通じての申し込み者の中から、七百五十組千五百名が招待された。その夜の芸術監督は西本智美イルミナート芸術監督兼主席指揮者であり、イルミナートオーケストラ、イルミナートバレエ、イルミナート合唱団も出演した。ほかにも、サラ・オレイン、石丸幹二、佐久間良子なども出演したが、圧巻は西本智美指揮のオーケストラの下、ラヴェルの「ボレロ」による人間国宝井上八千代第五代家元の京舞であった。

演奏と京舞の舞台は境内の中心である仏殿の周りの廊下の幅を拡張した長い廊下である。仏殿の角に、高さが約一メートル、三メートル四方ほどの台が載っていて、そこが井上八千代家元だけの舞台である。

ドラムの静かな音で始まるイルミナートオーケストラによるボレロは京舞の伴奏としては格好のものに思われる。ボレロは元来ダンス音楽であるから、京舞にも一種の「地方《じかた》」としてマッチしているのは何ら不思議ではない。「ボレロ」は、最初はいろいろな単独の管楽器の音が静かに流れ、次いで二つの音色の異なる楽器が重なり、妙なる響きが境内に拡がる。そして重なる楽器の数が多くなると次第に音量が豊かになる中で、西洋音楽と日本舞踊の不思議な連携の妙に引き込まれてゆく。新しい文化の生まれる場に立ち会っていることを実感する。

ふと気がつくとバレエ団の二十名ほどのダンサーが地上で散りぢりになってオーケストラに合わせて静かに踊っている。そしてダンサーの幾人かが少しずつ廊下に上がって、家元の舞っている一段高い舞台を取り囲むようにしてダンスを始める。その頃にはボレロに加わる楽器の数も増えて音量も豊かになり、これでは家元の舞は曲とダンスの中に埋没するのではないかと案じられた。しかし、それは杞憂であった。その頃には家元は羽織っていた打ち掛けを打ち捨てて、二枚に増えた舞扇や衣装の袖を激しく振りながらも、体の芯は真っ直ぐにして凛とした強さを保ちつつ舞い、決してオーケストラやダンスの激しさに負けていない。

この姿と動きに魅入られつつ、これこそ東洋と西洋の舞踊と音楽の衝突と融合の場であると確信し、新しい文化はこうして生み出されるのだと実感しつつ、その場に居合わせた幸運と幸せを改めて感じた。

「明日の京都　文化遺産プラットフォーム」は後述するように十年、三十年、五十年先の京都の在り方を考える場であり、京都の有形・無形の文化遺産を将来に向けてどのように継承するかを考えつつ活動しているが、「音舞台」はまさしく有形文化遺産の場である寺院において無形文化遺産を創り出しているのである。

文化遺産の継承の重要性が語られるが、それは先人の遺した遺産を毀損しないのみならず、当代の文化を将来に向かって付け加えることも現代人の責務である。先人も各時代の文化をそれより前の文化に加えてきたからこそ、現代人が多くの時代の文化遺産を先人から受け継ぐことができているのである。

その先人への恩返しを後世に対して進めるのが現代人の務めであり、「音舞台」はその一環であると筆者は確信した。

五・七　お土居は京都の羅城

平安京は長安を模して造営されたとされるが、外形の顕著な違いは、規模の大小もさることながら、長安が都を取り巻く城壁（羅城）を持っていたのに反して、平安京はそれを持たないことである。僅かにあったとすれば、羅城門の両翼に長さが数十メートルに満たないような短い築地塀が見られる。本来は、この築地塀をずっと伸ばして南北五・四キロメートル、東西四・五キロメートルの平安京を取り巻く羅城とすることが平安京造営の原案の中にはあったかもしれないが、推測の域を出ない。

平安京の前には長岡京の造営を始めたものの、数年を経ずして造営を中断して平安京を始めたから、財政的にも窮屈であったのであろう。また、平安京として区画された地域の中には、特に南西方面は低湿地が拡がっていて、ここが定住化されるのは何世紀も後のことであるから、平安京の造営と同時に平安京としての対象地域を取り囲むように城壁を設けることの必然性は低かったに違いない。さらに、日本の場合は中国の漢民族と北方民族のように民族間の鬩《せめ》ぎ合いはないから、都を城壁で取り囲んで守る必然性が無かったのであろう。

手本とした長安の場合には、城域には疎《まば》らであっても既に人が定住していた地域もあったであろう。こうした地域を包含したり、その外にも住民がいた場合には城壁の内部へ強制的に移住をさせたであろう。一方、平安京は長安を模したと言っても、都の内外を分ける壁の必要性はなく、都の内外が区別されずに曖昧であったのではなかろうか。

長安の場合には東西九・七キロメートル、南北八・六キロメートル、全長が三十六・六キロメートルにわたる羅城が設けられていた。この「羅」が城壁を意味しており、羅城の所々、すなわち東と西、北と南の合計四面に三か所ずつ、合計十二の門があった。これらの門には名称が付けられていた。そして羅城の幅は十メートル、高さは十二〜十四メートルであった。

この観点からは平安京の「羅城門」は論理的ではない。

都の外壁としての羅城が無く、平安京の域内の任意の場所からの出入りが出来たのであるから、門としての意味はない。したがって「羅城門」という扁額《へんがく》はなかったらしい。「羅城門」は象徴的なものであって、あくまでも平安京への入り口、すなわち表門の役割だけがあったのであろう。外国からの使節などは、ここから南に伸びる鳥羽街道を北上して、羅城門から平安京に入ったのである。

羅城門を潜ったら何が見えたであろうか。

羅城門からは道幅が八十四メートルにも達する朱雀大路が真っ直ぐ北に向かって伸びてい

て、約四キロメートル先の「朱雀門」が見えていた。朱雀大路は先細りではなく、途中に何らの工作物もなかったから、巨大な空間が拡がっていたことになる。ちなみに朱雀門は羅城門と同じ大きさだったらしい。

朱雀大路の両側には各種の建物があったが、それらの建物の門は朱雀大路に向かっては開かないのである。門は東西方向に走る道路に向かってのみ開く。朱雀大路側の門は開かないのであるから、朱雀大路の幅は一時的にすら変わらないのである。

なぜそのような空間が必要だったのだろうか。

これも歴史書の見解では、朱雀大路の偉容を誇るためであるという。原野に近い所に無理矢理に都を定め、人を住まわせたのであるからとても賑わいはなく、静かであったろう。その中でなにがしかの楽曲を奏でる中を使節が歩を進めたのであろう。客人は広々とした都の中心大路を歩むことで、日本の国を統べる天皇の威を悟ったのであろうか。

平安京も時を経ると人口も増え、都市としての姿も次第に整ってきた。その頃には朱雀大路の南端には羅生門、北端には朱雀門が鎮座していたのである。平安京の盛時の全体像は京都アスニーにある千分の一サイズの平安京復元模型から偲ぶことができる。

いずれにせよ平安京には城壁、すなわち都の内外を隔てる構造物は無かったのである。では過去から現在に至るまで京都には特定の地域の内外を隔てるものは無かったのであろうか？長安のような典型的な城壁では無いが、ある地域を他の地域と分けるものはあった。それが秀吉による「お土居」である。

では、お土居とは何だろうか。

屹立《きつりつ》した壁ではなく、土居という言葉のとおり土を盛り上げた土塁であり、場合によっては土を掻き上げた跡の溝も含まれたであろう。高さは数メートルはあったにせよ、土を盛った斜面であるから駆け上がることは可能である。しかし、その前に溝があり、場所によっては水も溜まっているであろうから、土塁に直角方向の行き来を阻《はば》む目的はあったろうが、羅のように強く遮《さえぎ》るものでは無かった。

お土居は京都の市中をぐるりと取り囲み、閉じた空間を形成していたのである。閉じた空間の始点を現在の出町橋の西の袂《たもと》に選ぼう。河原町と今出川通りの交叉点の、実際には少し東側である。ここでは正確な地点を議論することが目的ではないので、読者に誤って伝わる可能性が無い限り、およその場所を指すものとご理解頂きたい。

お土居は出発点を現在の出町柳の橋の西詰とすれば、そこから北に向かって鴨川の右岸（西側）に沿って北上する。当時の鴨川の川岸は現在のように明瞭でなく、決まった堤防があったわけでも無いから、お土居が現在の堤防のような形状と役割を備えていたであろう。鴨川に沿って真っ直ぐ、ほぼ西北西に直進して、御薗橋の少し手前の上賀茂中学校辺りで左に折れて西南西に直進する。ここから先は図12を参照して頂きたい。

お土居は当時の市街化された地域をほぼ含んでいる。こうして出来上がったお土居の延長は二十二・五キロメートルといわれているが、それに要した時間はわずかに二か月とも言われ、文献による違いはあっても四か月ほどである。大変な速度である。現在の重機を使っても、そして住家がなくてもそれほど速くは出来ないのではないか。

図12　お土居と上京・下京　（内藤益一、第２図）

現在の北大路から北の方面と千本通りより西の方面は当時は十分には市街化されていないにも拘わらず、お土居の内側にあるのはなぜなのかという疑問も湧いてくる。後世における市街化を期待してのことであろうか。

一方、京都は室町時代、戦国時代に戦乱に明け暮れた結果、図12（一八三頁）に示すように、お土居ができる少し前には、市街化された地域が上京と下京に分かれてしまい、人口も五万人程度まで減っていて、現在とは全く違うのは当然として、平安時代、鎌倉初期とも違って南北が分断された姿に変わっていた。当時の京都は現在のような一つの都市ではなく、上京と下京という二つの都市が図12に示すように室町小路という一本の通りだけで繋がっていて、通りの両側は田畑や荒地であった。

また都市としての性格も違っていて、上京の面積は下京の二倍ほどの大きさであり、御所も近くにあって富裕の者が集まっていたのに対し、下京は商業街区であり民衆の町であった。上京と下京とはそれぞれに「構《かま》え」と呼ばれる堀と塀で囲われていた。この「構え」の外側も含めて一つの京都にしようとする地域がお土居で囲まれた範囲である。外からの侵入を防ぐためではなく、この内側を賑やかにしようという線引きだったのでなかろうか。

現在は中学校の歴史の授業でも「啼くよ鶯平安京」と言って七九四年に平安京ができたことを学ぶから、これが京都の始まりであって、当初でも結構広い範囲であるから、それが少しずつ広がって現在の京都が在ると多くの人は思っているようである。

しかしながら、戦国時代の末期は、平安時代とも、現在とも様相を異にして痩《や》せ細っており、平安時代と現在とは都市としての連続性は非常に薄い。

その状態から脱して現在の京都に戻す礎《いしずえ》を築いたのが秀吉であり、その仕掛けがお土居である。現在の京都の原型は秀吉が造ったと言ってもよいのであろう。

各地で発掘調査が行われており、場所によって多少の違いはあっても、土塁の基盤の幅は約二十メートル、頂部の幅が五メートル、高さは五メートルとのことであるから、土塁の両側面の勾配が同じとすれば、幅が七・五メートルで五メートルの高さだから斜面勾配は比較的緩いことになり、土塁の下には深さ四メートル、幅が二十メートルの堀が場所によってはあったという。それでも外敵から守ると言うには十分な構造とは考えられない。

すなわち、長安の羅城は外からの侵入を阻止するためのものであったのに反して、京都のお土居は内側を意識して設けられたのであろう。

五・八　眠れる文化財

京都府内には国宝が七十二棟、重要文化財が六百三十九棟あり、全国で最多である。さらに、書跡、彫刻、絵画などが極めて多く存在している。建物などの有形文化財の実態はほぼ把握されているが、無形遺産などにおいては必ずしも登録されたり、何らかの指定を受けていないものもある。これらは地震による火災や洪水などに遭遇すると、失われてしまう危険性が高い。一九九五年の阪神淡路大震災の際にも、建物が倒壊した際に建物の中に在った文化財が道路上に投げ出された例は多数ある。この中には、道路の啓開時に何らの躊躇もなく塵埃とともに放棄された例は枚挙にいとまがない。こうした事が将来は起こらないように働きかけてはいるが、公共団体では文化遺産と災害時の道路啓開の担当部署間の連携は進んでおらず、同じ問題が起きる可能性は高い。

一方、京都府や京都市内にある未指定の文化財でも、他の都道府県や市町村に在れば登録されたり、指定文化財になったに違いないものも多数ある。しかし、これらを指定すれば、あまりにも京都に集中しすぎるというので、指定に至っていないものもある。事情は奈良においても似たような状況にある。

将来の自然災害などに際して、阪神淡路大震災時のような思わざる事態で貴重な文化遺産を失う可能性は低くない。しかしながら、従来のような国による文化遺産の指定には長期にわたる調査などが必要になる。強い地震や大規模な水害などが起きれば、多くの貴重な文化遺産を失うことになる。

そこで、京都府はこれまでの方式では登録の際には必要となる審議会への諮問などを要しない、暫定的な登録制度を始めようとしている。これは、全国で初めてであり、京都ならではの試みである。この試みは現存の京都府文化財保護条例の一部を改正する。すなわち現行の文化財保護制度の枠組みの外にある文化遺産の早期保護を図るため、新たな登録制度を設けることにより、文化遺産を良好な状態で次世代に継承することを目的としている。

従来の文化財の指定には、審議会での慎重な判断と詳細で長期にわたる調査が必要であった。一方、管理が不十分であったり災害の発生などがあれば、文化財としての指定を受けるまでに時間がかかり、その間に破損・劣化・散逸などが起こる可能性もある。それでは文化財としての価値が損なわれてしまう。こうした問題点をなくして、緊急の保護対策を講じるため、二〇一七年に審議会への諮問を要しないで、京都府による暫定的な登録を可能ならしめる制度を新設した。これにより、文化財の簡便で迅速な暫定的な登録が可能になり、眠れる文化財を積極的に掘り起こして修復や保存が可能になることが期待されている。

このために、基礎調査として、対象とする文化財の名称、所在地、所有地および管理者、構造および形式、年代、付近見取り図、比較的簡易な調査などを行って暫定登録の申請を行う。これにより指定・登録の可能性があると判断された場合には、文献資料調査、測量、類例調査、各種の図面の作成、科学的分析、価値評価、写真撮影などを行って、文化財保護審議会に対して価値判断に関しての諮問を行う。

価値の判断は教育委員会告示で定める基準に合致しなければならない。それは意匠的・技術的に優秀であるとか、歴史的・学術的に価値が高いもの、あるいは流派的または地域的特色が顕著なものであること、などである。これらの基準を満たせば「府指定」の文化財となり、このレベルに至らないものは「府登録」の文化財となる。

候補選定の方針の例として寺社建築の場合が示されている。建立年代がほぼ江戸時代以前であって、建築当時の姿を概《おおむ》ね留《とど》めている場合には「府指定」になるが、建立の後、後世に改変されていれば「府登録」に分類される。

暫定登録文化財に対して京都府は、保存・修理に対しては事業費の三分の一を補助することにしている。維持管理と防災資機材に対しても同様であり、前者に対しては二分の一、後者には三分の二を補助することにしている。

京都府は二〇一七年八月に「京都府暫定登録文化財」の第一回登録リストを発表した。このリストによれば、建造物が二百件、美術工芸品二百十三件、有形民俗文化財十三件、史蹟・名勝八件、の合計四百三十四件に達している。そして担当の京都府教育委員会は二〇一七年度内に千件の登録を目指している。ちなみに、二〇一七年四月現在での京都府の指定・登録文化財の数は六百五十六件であるから、二〇一七年度内には暫定の指定・登録文化財はこれまでの一・五倍以上に達することになる。

文化庁が京都に移転することが正式に決まった。そして文化庁は二〇一九年に新しく指定・登録を目指す文化遺産への財政支援を決定した。京都府では既に準備が出来上がっているが、そうでない府県などでは今年度には間に合わないかも知れないけれども、そうした道が拓けるならば、関係者一同が力を合わせて文化遺産の後世への継承に向かって努力すべきであろう。その際には、行政単位によって各種の取り扱いが異なることは避けるような配慮が必要である。行政単位は人々の住んでいる場所を区分することで、行政行為を行いやすくするための便宜上のものでしかない。しかしながら、文化遺産は大げさに言うならば日本人全体のものであるから、国の規模での広く長い視点から見て、考えるべきものである。決して行政単位での獲得合戦にならないことを願う。

このようにして眠れる文化遺産を目覚めさせることは推奨されるべきことではあるが、管理が不行き届きであったりすれば、却《かえ》って衰退を助長することになりかねない。また、災害復旧時への配慮の方法が講じられていなければ、一般の被災物との区別なく破棄される可能性を減じることはできない。このように、眠れる文化財の目を覚ますことに伴う諸般の対策が立てられなければ意味を失いかねない。

五・九　文化庁を京都へ

奇縁ではなく先見の明を誇ってもいいのではないかと思っていることがある。二〇〇六年に京都で開催したNPOシンポジウムの、基本テーマは「今、文化財が危ない」であった。基調講演では「わたしの心と文化遺産」と題して作家の平岩弓枝さんに話して頂いた。これに続き「このままで文化遺産は守れるのか」~文化庁の拠点を関西にも~と題したテーマでパネル討論を展開した。このシンポジウムの十年後の二〇一六年に文化庁の京都移転が決まったのである。十年前に先取りしていたとは、実に愉快である。筆者は文化遺産関係の講演をする時に常に言ってきたのは「文化は肌身で感じるものだ」である。その「文化」が形あるものとして最も高密度に集積しているのは京都であり、集積度は他の都市に比較して一桁高いのであるから、我が国の「文化」を司る国の行政機関が京都にあるのはごく自然なことであろう。筆者は琴平生まれで新居浜育ちの四国人であるが、こと文化遺産のこととなると、京都に帰って来ると、その厚みが四国とは異なることを強く感じる。

この考えは長らく持ち続けてきたから、二〇一五年の秋頃から京都の自治体や国の関係者が地方創生の旗印の下で、この問題を真剣に考え、実現に向かって行動を開始した時には、国や自治体のみならず一般の京都人も同じ思いでいることを関係者に伝えることを思いついた。そこで、「明日の京都　文化遺産プラットフォーム」の主催で二〇一六年一月二十二日に京都の立命館大学でフォーラムを開催した。会場の都合で入場者は四〇〇余名程度ではあったが、参加希望者は七百名以上であった。そして、参加者の了解を得て決議文をプラットフォームの松浦会長が、当時の馳文部科学大臣に届けたところ、大臣は行政関係者のみならず一般の人々も移転を希っている証拠だ、とのことで喜んで受け入れてもらえた。

このように、阪神淡路大震災の直後から、細々と始まったＮＰＯ活動ではあったが、多くの人々の理解と支援により次第に拡がりを持つようになり、国の施策にすらごく一部とはいえ関わりを持つまでになった。

この意味においては、早くから文化庁は京都に来るべし、との考えを持っていたことを先見の明があったと自負しているのである。

こうした考えを持つようになったきっかけは、河合隼雄先生が文化庁長官に就任されて、長官分室が京都国立博物館に設置された直後に、訪問したことではないかと思い返している。河合長官が京都の分室にお越しになってひと月も経たないうちに訪問して、阪神淡路大震災の直後から始めた文化財防災の問題についてお話ししたところ、大いに励まして下さった。

その時の会話の中で鮮明に記憶に残っていることがある。それは余談にわたるが、健康の定義を巡って議論をしたことである。筆者は防災を専門としていたこともあって、ＷＭＯ（世界気象機関）とも関わりを持っていたが、ＷＨＯによる「健康」の定義は、「身体的・精神的・社会的に完全に良好な状態であり、単に病気あるいは虚弱でないことではない」である。一九九九年の総会において、四番目に spiritual という言葉を定義に加えることが提案された。この頃は「国際防災の十年」に関わっていて、これを日本で紹介するに際して、この spiritual の適切な日本語に悩んでいたこともあって、これを河合長官にお尋ねしたところ、「それは霊的と言うのが良いのじゃないですか」と返ってきた。

霊的というと筆者には心情的な言葉のように聞こえてしまう。そこで、文化遺産の継承との関連で人や社会が健康である、と言うときにこのspiritualを日本語で表すのに、何かを作り出そうとする心、すなわち創造心とでもいう心という意味での「創造的」、「気力ある」と言うのはいかがでしょうか、というようなやり取りをしたことが鮮明に残っている。著名な心理学者の河合先生の言には抗することは出来ず、議論は収束しなかったが、今も納得できないままでいる。ちなみにＷＨＯも提案だけで決定はしていないようである。

五、　京都と文化遺産

文化庁の長官分室が京都に設けられたのが二〇〇二年一月であったが、前述のように二〇一六年三月に文化庁の京都移転が決まった。実に十四年が経過していた。そして、長官のみならず文化庁が移転して来るのである。筆者が十数年来語り続けてきたことがいよいよ実現する。しかしながら、京都側の受け入れ態勢は十分とは言えない。どこに、どのような建物を用意するのかが移転決定直後には明確でなく、移転してくる部局も完全には定まってはいないようである。

文化庁は東京にいたのでは文化遺産の本質を理解できないのではないか。文化遺産の問題は諄《くど》いが肌身で感じることから始まる。文化庁の職員は庁内ででも仕事ができる、必要な時に現地に行けば事が足りると言う。離れた所にいても情報さえ入れば十分だという。

プロ野球はテレビ観戦をしていれば球場全体を見る事もできるし、バッテリーのやりとりやクロスプレーでの微妙なプレーのクローズアップも見る事が出来る。しかしながら多くの人々が球場に足を運ぶのはなぜだろうか。それは球場全体を包む熱気を味わう事が出来るからであり、投手の投げる球の速さはバッテリーを写すテレビでは分からない。詳細をクローズアップするテレビより、はるかに野球の面白さを味わう事が出来るからである。まさに球場全体の興奮と緊張を肌身で感じられるから、現地に足を運ぶのではないだろうか。

文化庁の官僚は霞が関で十分仕事が出来るともいうが、それは他の省庁との折衝や海外との連携などであろう。しかし、文化財が対象ならば、やはり現地において肌身で接しなければ十分な理解は困難であろう。

いかに現地でなければ理解が困難であると言っても、文化財の存在が疎《まば》らな場所に職員が駐在するのは効果的でない。すなわちある程度以上の集積度が必要であり、これを満たすのは京都である事は先の図10（一六八頁）の示すところである。

文化財の絶対数では東京、奈良、京都がいわば御三家であるが、先に示した図11（一七三頁）によれば、地震火災などに際して危険な状態での集積度は京都が圧倒的に高いのである。この怖さも現地で身をもって初めて体得することができるのである。

五・十　世界文化遺産「古都　京都」の不思議

「古都　京都」の名の下で、京都の十七の寺社が世界文化遺産に登録されている。すなわち、上賀茂神社、下鴨神社、東寺、清水寺、延暦寺、醍醐寺、仁和寺、平等院、宇治上神社、高山寺、西芳寺、天龍寺、金閣寺、銀閣寺、龍安寺、西本願寺の十六の寺社と二条城である。ちなみに、京都の行政に関わる人々は「十七寺社城」と言っている。

ここで取り上げるのは、京都の様々な文化遺産と世界文化遺産とに関わることで、一般には知られていないことや人々が不思議に思っているに違いないことである。

京都の十七寺社には、京都の人や京都を何度も訪れ、あるいは京都の文化遺産に詳しい人々にとっては、不思議に思えることもある。十七寺社以外にも優れた文化遺産を有する寺社が多々あるのに、なぜ世界文化遺産に登録されなかったのか、という疑問であろう。桂離宮や修学院離宮のような優れた文化遺産が世界文化遺産の中に含まれていないのが不思議であろう。

それは一九九三年の申請時に世界文化遺産に登録されるための必要条件を満たしていなかっ

たからである。世界遺産に登録されるためには国による法的な保護、すなわち文化財保護法による保護が保証されていなければならないが、どちらの離宮とも宮内庁の管轄下にあって、文部科学省が所管する文化財保護法の対象とはなっていなかったからである。

宮内庁は京都御所も管轄しており、京都ではないが堺の仁徳天皇陵や、奈良の正倉院などの世界的に知られた文化遺産も管轄している。したがって、これらのいずれも文部科学省が管轄する文化財保護法による法的な保護下にはない。一九九三年の登録申請の時点では、これらは世界遺産に登録される可能性はなかったのである。

世界文化遺産に登録はされていなくても拝観は可能である。御所は春秋の二回は一般に公開している。正倉院は公開されていないが、御物だけは年に二回の正倉院展で有料ではあるが拝観はできる。桂離宮と修学院離宮は一日に数回だけ申込制で参観を許している。それだけに、これらが世界文化遺産でないのはなぜだろうと、誰もが素朴な疑問を持つところである。

京都から離れるが、奈良の正倉院も宮内庁の管轄下にあり、数年前に正倉院から境内の消防水利に関しての技術的な相談を受けたときに、正倉院の職員が持参した地図を見て非常に驚いた。

正倉院は東大寺の境内の一角にあるが、地図を見て境内が民地と近接している場所のあることを知った。正倉院の校倉造りである正倉から民地までは百メートル程度しか離れていない。正倉院から東大寺までの表側は広々とした空間が拡がっているが、裏側には木が茂っていて境内の外は見えないから、民地との離隔距離が短いことには気付かない。しかしながら、民地側で大規模な火災が発生すれば、境内に火災が及ぶ可能性のあることが懸念された。

その後、一〜二年が経ってから、再び現地を訪れて、正倉院の裏の民地側との境界の塀に沿った道路に歩を進めた。そして民地には比較的新しい木造住宅が密集していて、大規模火災に際しては、そして風向きによっては正倉院側に火災が及ぶ危険性のあることを認識した。塀のすぐ内側の境内側には木が茂っていて中は見えないから、特別な意識を持って境内側から外を見ない限りは、こうした危険性には誰も気が付かない。

そこで、改めて正倉院を訪ねて所長や職員に対して、京都で文化遺産の防災対策を進めている者であると自己紹介してから懇談した。専門的立場からは、民地側での火災が大規模になった時の延焼の危険性があることを告げて、民地側での火災対策の可能性について懇談したが、事業費の観点から十全な対策は実現できそうにないと推測した。そこで、多額の事業費を要しない次善の策について提案したが、未だに実現していないようである。

例えは良くないが、奈良県の六十四の国宝建造物の一つが焼亡しても、六十四分の一であるが、正倉院は同類のものが無いから一分の一である、というのが筆者が正倉院に対して抱く気持ちである。正倉院の裏側では近くまで宅地化が進んでいて、正倉院の火災危険度が徐々に増していることについての関係者の感度が鈍いとしか思えないのである。現在の活動は京都の文化遺産の将来への継承問題に絞っているが、正倉院の正倉だけは唯一無二のものであることを考えるとき、危険性のあることだけでも指摘しておきたい。

さて、再び京都の文化遺産の問題に戻る。大徳寺は京都の紫野にある臨済宗の古刹である。一三一五年に開創されたが、その後の応仁の乱で荒廃した後、桃山時代には多くの武将による塔頭の創建が相継いで行われ、現在は二十余の塔頭を擁している。一般によく知られているのは、山門をめぐる豊臣秀吉と千利休の軋轢《あつれき》の結果、利休が切腹したことであろう。国宝だけでも六点、重要文化財は十一棟の建造物、二十点余の絵画や書跡などを擁している。第一級の文化遺産が多数あることからすれば、世界文化遺産の一つであってもよいが、大徳寺の境内全域が国の史跡指定を受けたのは二〇一六年九月であった。十七寺社を世界遺産に登録申請した一九九三年の時点では史跡であるという要件を満たしていなかったのである。

その後、大徳寺は境内の電柱と電線を地中化するなどして、世界遺産への追加登録を図り、関係者も大いに努力しているが、現時点では十八番目の世界遺産に登録されるには至っていない。

追加登録といえば岩清水八幡宮も一九九三年に古都京都が候補になった時も名乗りを上げた。この時には国宝でもなく史跡指定も受けていなかったため、必要要件を満たしていなかったので、一九九四年の登録からは外れた。しかしながら、二〇一二年一月には境内の史跡指定が決まり、二〇一六年二月には国宝に認定された。現時点では世界遺産への登録の要件は満たしている。国宝以外に重要文化財も擁しており、日本三大八幡宮の一社であって、伊勢神宮に次ぐ日本の第二の宗廟《そうびょう》である。

このように豊富な文化遺産を擁し、国宝・史跡の指定を受けてはいるが、大徳寺と同様に追加登録されるには至っていない。

ユネスコは追加登録の道を閉ざしているのではないから、関係者の協力と努力次第では大徳寺や石清水八幡のみならず、桂・修学院離宮なども世界文化遺産「古都　京都」の中に含まれる日が来ることが期待される。

五、　京都と文化遺産

一方、三十三間堂は一九九三年の登録申請の段階では二つの要件は満足していたけれども、重要な項目において問題があった。登録を申請する文化遺産建物の周囲には、一定の幅の利用制限区域すなわちバッファーゾーンを設定することが求められる。三十三間堂においては、これが十分ではなかった。三十三間堂の西には景観的には不都合な高層ビルがあり、これが近接していることから候補リストに載せられなかった。バッファーゾーンの問題は、換言すれば景観を害する事物の存在の有無でもある。

ドイツのケルン大聖堂は世界第一のゴシック様式の教会堂であり、一九九六年に世界文化遺産に登録された。その後に付近で起きた高層建築物の建造計画により景観破壊が問題となった。すなわちバッファーゾーンの問題である。二〇〇四年には危機遺産に指定されて登録が取り消される可能性が高まったが、市当局が大聖堂の周囲に高さ規制を設けるなどの努力をした結果、二〇〇六年に危機遺産のリストから外された。このように、世界文化遺産においてはバッファーゾーンの規制は厳しく、この傾向はますます強くなっているようである。

知恩院も二〇〇二年五月に国宝に指定されている。本堂や山門などの建造物や書画も国宝に指定されている。これ以外にも南禅寺、大覚寺、東福寺など、京都には文化的価値の高い寺社が多数ある。これらを追加登録する際には問題が生じる可能性がある。それは一九九四年に登録されて以来すでに二十三年が経っており、その間において上述のバッファーゾーンに対しての内外での考えが厳しくなっているから、追加登録をしようとすると、既定の十七寺社でのバッファーゾーンの見直しと将来計画の提示を迫られる危険性がある。裁判の一事不再理のように過去に遡及《そきゅう》しなければ問題はないが、これは不確かである。

西本願寺は世界文化遺産に登録されているのに、東本願寺はなぜそうではないのか、という疑問を持つ人もいる。東・西本願寺の開祖は共に親鸞聖人であり、十一代門主顕如までは同門であったが、十二代から両派に分かれている。

親鸞上人が開いたのは浄土真宗であり、信者は一向宗と呼ばれていた。一向宗が勢力を伸長して大阪の現在の大阪城のある場所に石山本願寺を創設した。これを織田信長が攻め落とした後、豊臣秀吉が京都の堀川七条に本願寺を創設した。

その後、徳川家康の治世下において本願寺内で内紛が起こり、現在の烏丸七条に家康が土地を提供して分立したのが東本願寺（真宗大谷派）であり、元の本願寺が西本願寺（浄土真宗本願寺派）と呼ばれている。

西本願寺が世界文化遺産に登録されているのは、境内が国の史跡に指定されており、御影堂はじめいくつかの国宝建造物があり、多くの書画も国宝に指定されていて、世界文化遺産に登録されるのに十分な遺産を擁していた。

一方、東本願寺は一六〇二年の分派以後、一七八八年の天明の大火、一八二三年、一八五八年、そして一八六四年のどんどん焼け、と江戸時代に四度も大火に見舞われている。これが本願寺水道を創設する原因となった。東本願寺が火元であったのは一八二三年の火災のみであり、その他はいずれも延焼である。このように、江戸時代の最後に大火災に見舞われたことから、明治以前の文物は焼亡しており、国宝も重要文化財も無いことから、世界文化遺産に登録されなかったのである。

東・西本願寺は、訪れて堂宇を目にする限りは違いがあるようには思われないが、歴史を繙《ひもと》くと両者には大きな違いのあることがわかる。本願寺に限らず、多くの、そして各種の文化遺産が、一般市民や専門家から評価されるような文化の香りが醸成されるには時間を要するのであり、それらの真価を理解するためには、歴史を学ぶことが大きな助けになる。

十七の寺社の中で、国宝は無いけれども世界文化遺産に登録されているのが西芳寺、天龍寺、金閣寺である。これらは国宝ではなくても、それに匹敵する特別名勝としての庭園を有しており、併せて特別史跡の指定を受けているからである。国宝としての建造物と特別名勝としての庭園の両方が指定されているのは、醍醐寺、銀閣寺、西本願寺、二条城である。

正式名が鹿苑寺の主要な建造物は金閣であるが、これは一九五〇年に放火により消失したため、再建された金閣は歴史が浅いので国宝に指定されるには至っていない。したがって、通称金閣寺が世界遺産に登録されているのは、必ずしも一般に有名な建造物としての金閣の故ではなく、特別名勝としての庭園で評価されていることにも目を向ける必要がある。

このように、世界文化遺産の寺社を単に見物するだけではなく、常に何らかの疑問を持ち、見物の事前・事後を問わず、それらの歴史を調べてみることで、文化遺産に対する理解が格段に深まるであろう。文化遺産は常に日本の歴史と関わっているのである。

六・一　「明日の京都」の立ち上げと理念

ＮＰＯ「文化財を災害から守る会」は全国を対象としての活動であった。主たる目的は文化遺産防災の重要性を訴える事にあったから、各地でフォーラムを開催した。

しかし、その地での防災に関する問題点にまで踏み込んで詳細な検討を進めるには至らなかった。目的を定めて深く検討するには、目標とする地点を絞っておく必要があった。そこで議論を深化するために選定したのが京都であった。京都の文化遺産の対人口比は他の大都市のどれよりも圧倒的に大きいことにあったからである。

ＮＰＯでは、京都の文化遺産の種々の問題点の中から防災に関わるものを拾い出していたが、文化遺産の将来の問題に携わっているうちに、決して防災の問題だけではない、もっと大切なものが忘れられているとの思いが拡がっていった。

京都は千年も前の人々からいろいろなものを受け取っていながら、受け取ったものを後世に対して毀損することなく伝え、現在の文化をそれに付加して渡そうとする意識の薄いことに気付いた。時間が経つにつれて、この思いは深まっていった。

一九九四年には平安京ができて千二百年になるのを記念して建都千二百年祭が行われ、記念行事がいろいろと実施されていたが、京都の将来を念頭に置いた企画は見当たらなかった。

このことはいろいろな場で口にしていた。毎年、京都市長が市の内外の防災に関わる組織や機関の代表を招いて防災会議を開催しており、最後に筆者に発言を求められるのが恒例になっているが、一九九四年のその会の最後で以下のようなことを口にした。

千二百年祭が官民挙げて賑やかに行われているのは大変結構なことです、けれども、京都は先人から多数のものを受け取っていながら、将来の人々を念頭に置いた企画があまり見受けられない。これは俗な言い方をすれば「やらずぶったくり」ではないでしょうか、と言ってしまった。百年前の建都千百年祭ではパビリオンとしての平安神宮を創り、時代祭に進化する基となったパレードを行い、琵琶湖疏水を造り、東本願寺はその疏水の水の一部をもらって自前の消防施設を整備した、とも付け加えた。それに較べて千二百年祭では将来に向かっての提案が見られない、との趣旨である。

会議終了後、当時の田辺市長さんが寄って来られ、「ご高説、痛み入ります」と言われたのには驚き、言葉が過ぎたことに恥じ入るばかりで、その時どう返答したかは記憶にない。

続いて廊下を歩いているとき、予《かね》てから親しくしていた理事の一人が「今日は言い過ぎましたね」と笑いながら語りかけてきたことと、そのときに「言い過ぎてはいない、あれで良いのだ」と強弁したのを憶えている。

このような経過を経て、防災問題に限らず京都の将来について議論を重ね、それを将来に向かって実行する場を創る決心をした。目標を京都の将来に絞ったからには活動は京都人でやろう、と決めた。ここにいう京都人とは京都で生まれ育った生粋《きっすい》の京都人というのではなく、京都に縁の深い人と言う意味である。筆者自身は昔の言葉で言えば、既述のように讃岐生まれの伊予育ちの四国人であるが、京都に出てきて六十年になる。生まれ育ったのは四国であっても、その後の生活や活動はすべてが京都であるから、自分では「後天的」京都人であると思っている。

このような次第で、然るべき方々に「明日の京都」の理事をお願いする際も、出生地には関わりなく、京都で長く活躍している人々にお願いした。もちろん、生まれも活動も京都の人もいるが数は少ない。こういう意味では、「明日の京都」で活動している人々は、ほとんどが日本あるいは世界を視野に入れて活動している京都人である。

「明日の京都」は約一年にわたる設立準備会での議論を経て、二〇一〇年十月二十一日に東寺において発会式を行った。その基本理念は、「文化遺産を護《ゆず》り、育《はぐく》み、創造する」である。

すなわち、

1、「古都　京都」として世界文化遺産に登録されている京都の文化遺産を毀損なく後世に継承する、

2、現在の文化遺産の持つ意義と課題を見出し、その存在意義を高めるための活動を行う、

3、五十年、百年後を見据えて、将来の文化遺産にするための文化・芸術・仕組みを付加する、

である。

将来へ毀損することなく継承するというと、遺されたものを、そのまま大切に護ることに重点が置かれるが、「明日の京都」は、先人が遺したものに現在の文化や文化財を付与するという視点が大切であると考えている。

六、明日の京都と羅城門

先人が遺したものも、平安時代の文化遺産に鎌倉時代の、そして室町時代の文化が生み出したものに、さらに、それに続く時代のものが次々に重なって現在に至っているのである。我々は眼前に拡がる文化遺産を一纏めにして、まるでパノラマ写真のように一つの文化として見てしまいがちである。それは過去の文化を眼で見ることは出来ないから、各時代に姿と形がある物として遺されたものを一つのものとして見ているのである。眼前に拡がる事物の背景に時の

刻みを重ねて見ることは歴史家にはできても、一般人には困難であって現在の時間に瞬間凍結しているのである。

「明日の京都」は組織としては、理事会と企画調整委員会を持つ。後者はいわゆる幹事会である。

理事に就任をお願いしたのは、京都の文化遺産に関わりの深い、京都府知事をはじめとする行政の首長、京都仏教会などの宗教界の代表、ライオンズクラブなどの社会貢献団体、京都商工会議所をはじめとする京都を代表する企業人、大学学長、学術団体の代表者（順不動）などである。

いずれも京都を代表する人々であるが、就任のお願いに伺った際には、海の物とも山の物ともつかない任意団体であるにもかかわらず趣旨にご賛同頂いた。そして、お願いした方々のすべてが、引き受けて下さったのも驚きであった。もちろん、その時には「遣らずぶったくり」をもう少し上品な言葉に言い換えて活用したが。

企画調整委員会は前述のようにいわゆる幹事会である。ここには理事会よりも広い範囲の人々が参画している。企業人、職人、宗教者、行政人、マスメディア、作家、地域活動家、研究者ほか、極めて多様な分野の人々で構成されており、一か月に一度の会議であるが熱心な討論が行われていて、「明日の京都」の実質的なリーダー集団である。多様な分野の人々が一緒になって「明日の京都」を進めるという理念は、「明日の京都　文化遺産プラットフォーム」という組織の名前に表されている。

当初は協議会にしようとする案もあったが、それでは限られた者だけの組織であると言う感を免れない。そこで、この組織は任意団体であるから、出るも入るも自由であるとの考えで、敢えてプラットフォームとした。ただし、駅のプラットフォームと同じように入場券だけは必要であって、京都の文化遺産を自由意志に基づいて守り育てる気持ちを有することだけを要件とした。

ちなみに、「人融知湧」の四文字は筆者の自作の座右の銘であるが、いろいろな人が集まって融け合ってこそ知恵が湧く、ということであって、力を合わせて何かを成し遂げようとするときの筆者の行動原理である。

「明日の京都」の会長だけは京都人ではない。

松浦晃一郎会長は外務省において北米局長、フランス大使、パリでユネスコ事務局長を十年間務めた外務官僚であり、現在も東京在住である。

しかしながら、ユネスコ時代に世界無形遺産条約を仕上げられ、個人的にも文化遺産に深い造詣を持っておられて、会長就任後も理事会のみならず重要な会合には必ず出席される。最初は、自分は京都人でないからとの理由で固辞されたが、我々は活動の場として京都を選んだだけであって、決して京都人だけで固まって、内向きの発想で活動しているのではない、広く国際感覚を有する方にお願いしたのだ、と強く就任をお願いした。そして快くお引き受け頂いた。

六・二 「明日の京都」の事業

「明日の京都」の基本理念はすでに述べたとおりである。それを基本として事業領域を以下のように設定していた。

1、「文化遺産」の保全と継承、
2、京都の「伝統文化」の保存と活用、
3、「文化遺産」に関する教育・研究と人材育成、
4、「文化遺産」を災害から守り育てる、
5、新たな「文化遺産」の創造、
の五領域である。

京都には現在の京都を憂うる会が多々あることを知っている。多くは現在の京都を問題にしているように思える。

一方、「明日の京都」は、現在すぐに手をつけるべきものもあるが、むしろ、重きを置いているのは十年、三十年、五十年先を見通した事業を今から手掛けることである。他の先行する組織や機関が進めていることと競合することなく、視点を遠くに置いて必要な事業を興すことが「明日の京都」の目標である。

こうした事業を推進するにあたって各種の論議を行う場として出発時に六部会を設置した。

第一部会　京都の世界遺産・文化遺産……今日と明日、
第二部会　フォーラム・ユネスコ……研究者の役割、
第三部会　社会との連携と社会への貢献、
第四部会　無形の文化遺産と伝統産業、
第五部会　文化遺産の危機管理、
第六部会　明日の主役……若人の役割、

設立後七年を経た現在は右記のように部会を固定化するのではなく、それぞれの時点で重要と思われるテーマについてプロジェクトチームを設けて、そこにはプロジェクトに関心のある企画調整委員は誰でも加わることができるように改革した。そしてメンバーが企画調整委員でなくてもプロジェクトの推進に相応しいと思う人を推薦する方式にしている。

理事会の定員は二十五名以内としたが、企画調整委員の数は規定しておらず、二〇一九年度は三十七名である。出席者は各人とも本来の仕事を持つ人々であるから不同であって二十五名前後である。理事会は年に一回、企画調整委員会は毎月第四水曜日の午前中と定めている。

このような活動をするには、なにがしの運転資金が必要であるが、当初は立命館大学と京都仏教会から財政支援を得て出発した。その後、大日本印刷(株)にも支援者となっていただいた。

これに加えて、京都府と京都市が、各種の事業に際して、折りにふれて必要経費の支弁をしてくれている。

また、行政機関に所属しているメンバーで、職場の所掌する仕事が「明日の京都」の活動と違った時に委員を交替した人たちもいるが、役所での所掌が違った場合にも引き続き委員を続けてもらっている人もいる。

「明日の京都」は任意団体であるが、別項の羅城門復元プロジェクトなどでは「明日の京都」の運転資金とは別に寄付金を募る必要も出てきた。寄付者が税金の控除を受けられるように小規模のＮＰＯを立ち上げている。このように「明日の京都」は特定の組織や団体に所属することなく、任意団体としての自由度の高い活動が出来る団体としている。

なお、「明日の京都」の立ち上げに際しては、この組織の名称を短く「明日の京都」だけにしようとしたが、この名称は既に京都府の事業名の一つに使われていることが分かり、区別するためにも「明日の京都　文化遺産プラットフォーム」を正式の名称とした。しかし、この団体の名が出るたびに正式名称を使用するのは煩雑であるので、本書では「明日の京都」とすることをお赦し願いたい。

六、　明日の京都と羅城門

「明日の京都」が目指す事業の一つは、目の前に拡がる三次元の世界に、現在の文化や芸術を加えると共に時間軸を加えて四次元の世界として捉えようと言うことである。手を拱《こまね》いていては、先人から遺されたものは時とともに徐々に朽ちて行く。常に何かを加え続けなければならないのである。付加すべきなのは構築物だけではなく、当代の芸術作品かも知れないし、過去の文化に関わる歴史の新しい視点の展開であるかも知れない。

文化遺産の継承と将来へ向かっての育成ということであれば、日本中の、あるいは世界のどこであっても適用される概念であるが、「明日の京都」の活動を京都に限ったのには理由がある。それは、文化遺産の集積度に関しては、既述のとおり京都は極めて特殊な町であることにある。国宝や国指定の重要文化財の数は、既述のように京都市民千人におよそ一つであり、これは日本の政令指定都市の平均値の十倍以上に達するのである。

一方、昨今は南海トラフの巨大地震が話題になることが多いが、この地震が発生するのは今から二十～三十年先であることに関しては、過去の地震の歴史に基づいての専門家の意見が一致している。

しかしながら、この地震に先立って一九九五年の阪神淡路大震災を起こしたような内陸の都市直下地震が何度か起きることは、過去の少なくとも五百年間の西日本での地震来歴から明らかである。

残念ながら、次なる内陸地震がどこで起きるかについては学問や研究が予測できるレベルに達していない。こうした内陸の活断層による直下地震が京都近辺で起きる可能性は低くはない。決して京都は安心してはいられないのである。

これらの二つの理由により「明日の京都」の活動を京都に絞ったのである。、京都での活動の在り方は奈良でも鎌倉でも似たようなことである。地震環境やそれぞれの都市の地勢状況に応じて手を加えれば、どこにでも対応できるであろう事から、一つのケーススタディの場として京都を選んだのである。

六・三　進行中の事業

「古都京都の文化遺産」の名の下で十七の寺社が世界文化遺産に指定されていることは、広く知られている。世界文化遺産でありながら、十七寺社の中であまり知られていなくて観光で訪れる人も少ないのは宇治上神社《うじがみ》であろう。その名のとおり宇治市にあり、宇治川をはさんで平等院の向かいにある神社である。この神社の本殿は日本最古のものであり、応神天皇、仁徳天皇を祀《まつ》っている。交通も至便の場所であるが訪れる人も少ないのは、規模が小さく、神社建築に興味のある人以外には見るべきものも少ないせいであろう。

京都の世界遺産が話題になるときには、多くの人は「十七寺社」と気軽に言っている。しかしながら、少なくとも「明日の京都」の関係者の間では「十七寺社」ではなくて「十七寺社城」と言うことにしている。寺社は十六であって、さらに二条城が世界文化遺産であり、理事の一人でもある京都市長が城主だからである。言わなければならないのではなく、仲間内での多少の心遣いとでもいうところであろう。ただ、本書では「十七寺社」とする。

延暦寺も他の寺社とは事情を異にしている。ここを訪れる多くの観光客は京都側からケーブル・ロープウエイもしくはバスを利用している。大津市側から行く人は少ない。しかしながら、世界文化遺産に登録されている塔頭はほとんどが滋賀県にある。こうした事情を踏まえて、正式名称は「古都京都の文化財（京都市・宇治市・大津市）」であって大津市が入っている。しかし、一般には「古都京都の文化財」で通っている。

このように、十七寺社といっても、それぞれに異なる事業もあるから、本書では個別の論義ではなく、十七寺社を総じての論とすることをお赦し願いたい。

古都京都の文化遺産は一九九四年十二月に世界文化遺産に登録された。これは奇しくも平安建都千二百年の年でもあった。一方、「明日の京都」を設立したのは二〇一〇年十月であったから、その時点では世界文化遺産に認定されてから十七年が経過していたことになる。発足の前には準備委員会を立ち上げていたが、そこでの議論において、十七の寺社は世界文化遺産に登録されてからも、一堂に会して文化遺産の現在・将来についての論議がなされていないことを初めて知った。世界文化遺産について論議する内容は別としても、一度も一堂に会したことが無いと言うことは意外としか思えなかった。

日本を代表するような寺社が多く集まっている京都において、十七の寺社だけが世界文化遺産に相応しいとは思えず、それら以外にも歴史的価値や文化的価値の高いものがあると考えられる。

たとえば桂離宮や修学院離宮などの国の管理下にある文化遺産のみならず、既に述べた大徳寺のような多くの塔頭や国宝を擁する寺院がなぜ世界文化遺産に含まれていないのか、それらも将来は十七寺社に含まれるようになるのか、別の枠組みになるのか、など古都京都の文化遺産を構成する寺社としての意見交換の場すら無いことに驚かされた。

京都の世界文化遺産を構成するのは寺院と神社、京都市が所管する二条城であるから、互いの分野には干渉しないというのが主たる理由かもしれない。また、寺院はそれぞれが異なる宗派に属していて、宗派そのものが創始された時代や経緯が異なるので議論自体が難しいのかも知れない。

そこで、「明日の京都」が立ち上がったときの最初の事業として、十七の寺社が初めて一堂に会して議論をする場として、世界遺産「古都京都の文化財ネットワーク会議」なるものを組織することにした。そして、初回が平成十一年六月に開かれた。この時には十七のうち三つの寺社だけが欠席だった。

それ以後は毎年定期的に開催しており、最近では世界遺産所有者のみではなく研究者や行政関係者が五～六十人も集まっての論議が行われている。世界文化遺産では緩衝地帯としてのバッファーゾーンが重要な概念であるが、我が国ではこの問題が議論されることは少なかった。そこで、このネットワークの中に研究会が設けられたが、この問題はネットワーク会議内のみでなく、「明日の京都」全体の場でも議論されている。

発足時には第二番手としてスタートして、その後も継続して行われている重要な事業の一つが表5の「文化遺産所有者が語る市民講座」である。これは世界文化遺産に選ばれている寺社のみではなく、他の寺社をも含めて優れた文化遺産を有する寺社の宮司、管長、貫主などの宗教法人のトップの法話や説話を直接聞く会である。

表5　文化遺産所有者が語る市民講演会

開催年	開催場所	講演者
2011/ 8/27	上賀茂神社	田中安比呂宮司
2011/ 9/11	清水寺	森　清範貫主
2011/12/26	東寺	砂原秀遍長者
2012/ 3/10	醍醐寺	仲田順和座主
2012/11/ 3	二条城	門川大作市長
2012/12/ 8	下鴨神社	新木直人宮司
2013/12/14	仁和寺	建部祐道門跡
2014/ 2/15	相国寺	有馬頼底管長
2015/10/ 7	天龍寺	佐々木容道管長
2017/ 3/ 3	聖護院	宮城泰年門主

第一回は上賀茂神社の田中安比呂宮司であり、第二回は清水寺の森清範貫主にお話し頂いた。第八回が京都仏教会の理事長である有馬賴底相国寺管長であった。第九回は佐々木容堂天龍寺管長にお願いした。

また、第十回は世界文化遺産ではないが著名な修験道の寺院である聖護院の宮城泰年門主からお話頂いた。この市民講座は世界文化遺産の寺社だけを対象にしているのではなく、取り敢えず世界文化遺産の寺社から始めたのである。したがって、今後も世界遺産にはなっていない寺社にもお願いして講座を開くことにしている。

「明日の京都」の定例の基本行事は年に一回のフォーラムである。「明日の京都」は二〇一〇年十月に創立しており、翌年の二〇一一年から毎年一回「明日の京都　文化遺産フォーラム」を開催してきている。フォーラムのテーマは特定の方向性を持ったものではなく、企画調整委員会で原案を作り、理事会に図って実施している。（表6）（二二二頁）

フォーラムは毎回七百名余の申し込みがあるが、会場である立命館のホールの定員が四百二十五名であるので、参加者は抽選で決定している。

フォーラムの形式は基本的には同じであり、基調講演とパネル討論があり、その間に京都ならではの芸事を主体とする催しを行っている。

表６　「明日の京都」フォーラムの開催

第１回	2011/12/ 7	「地震火災は近い－その時、京都の文化遺産は大丈夫か」
第２回	2012/10/12	世界遺産条約 40 周年記念事業「明日に繋げよ、京の文化」
第３回	2013/10/ 9	京都の景観について考える「昔、京都には町並みがありました。いま？」
第４回	2014/ 1/18	記録が結ぶ「時の絆」～世界記憶遺産
第５回	2015/10/18	「日本の美　手と技の世界」
緊急	2016/ 1/22	「文化庁を京都に」
第６回	2016/12/21	「羅城門～未来への遺産を考える」
第７回	2017/10/ 9	古都の借景

第一回では、人間国宝である井上八千代井上流第五代家元に京舞をご披露頂いた。なお、井上家元は「明日の京都」の理事でもある。この時には近藤誠一文化庁長官をお招きして、相国寺管長であり京都仏教会の有馬頼底理事長と筆者の鼎談《ていだん》を行った。

第二回は世界遺産条約が制定されて四十年になるので、一〇一二年には世界各地でこれを記念する会をユネスコが複数回開催していた。その最後の会が京都で行われたので、これに合わせて「明日の京都」のフォーラムを行った。第三回は当時、京都市が市内の景観を良くするキャンペーンを強めていたので、それへの支援の一環として開催した。

第四回が開催された二〇一四年には、世

界記憶遺産に「東寺百合文書」と「舞鶴への生還 一九四五〜一九五六 シベリア抑留等日本人の本国への引き揚げの記録」が登録されることになったのを記念しての開催であった。

次年度の第五回も世界遺産がらみであって、この年には「無形遺産 和食」が二年前に登録されたのを機会に開催した。

二〇一六年一月の「緊急フォーラム」は、その二、三年前から文化庁を京都に移すべしとの機運が盛り上がっていたので、番外のフォーラムとして開催したものである。当時、京都の知事や市長が文化庁の京都への招聘に力を入れていたが、筆者はそれより十年ほど前に「NPO災害から文化財を守る会」で京都において、文化庁は京都に来るべしと言うテーマでフォーラムを開催し、基調講演は作家の平岩弓枝さんにお願いして心よく引受けて頂いたことを今思い出している。これは**五・九**で既に述べた。

二〇一六年一月の緊急フォーラムは行政から一緒にやろうとの申し出があったが、「明日の京都」は行政とはべつに、市民による任意団体としての意思の表明をしようとしているのであるから、別々にやりましょうとの考えを伝えた。

このフォーラムの最後に決議文への参加者の賛同を得て、これを松浦会長が当時の馳文部科学大臣に届けたところ、行政のみでなく、市民の皆さんも賛成しているのだと、大臣談話の中でも引用された。

第六回のフォーラムは羅城門復元模型を二〇一六年十一月に京都駅前へ展示したが、これに合わせて、その意義を考えるとともに将来への展望などをテーマにして開催した。

第七回は「借景」をテーマとした。借景は基本的には庭を作るときに、周囲の風情のある景色と庭との調和を図ることを指すが、高層ビルや住宅が増えるにつれて、それらが境内から見えてしまうことが多くなっている。行政でも、地点を選定して、そこからは景観を害するような構築物を規制するなど、町としての景観を守るための努力を続けており、そうした現状と将来を論じた。

現在進行中のプロジェクトの一つが「京都・文化遺産アーカイブプロジェクト」である。これは「明日の京都」が大日本印刷（株）ならびに（株）毎日放送と連携して進めているプロジェクトである。

世界文化遺産や国指定の重要文化財の現在の状態をデジタル化して後世に遺すために、世界文化遺産の寺社を四Kビデオで撮影して、編集している。静止している事物のアーカイブ事業は既に各方面で行われており、例えば各種の障壁画、水墨画などを実物と寸分違わないように撮影し、精細なコピーとして複製している。

「明日の京都」のアーカイブ事業は、これらとは違って、金閣寺での静止画像に加えて、雪の降る情景や、龍安寺の庭を囲む塀の上方から庭越しに方丈の縁側をゆっくりと流し撮りするなど、これ迄とは違う視点からの作業を既に終えている。

このプロジェクトでは、重要文化財に指定されている京町家である杉本家住宅の家屋や庭の情景のみではなく、十二か月をかけて杉本家の年間行事の状況などの四Kデータ化を済ませている。撮り直しなどを含めて二年以上かけている。杉本家は烏丸四条から西へ二筋、南へ一筋の旧い京都の中心ともいうべき場所にある。京呉服を関東で販売する京商家であって江戸時代の一七四三年（寛保三）に創業しているが、現在はそうした業務は行っていない。文化遺産に指定されると維持管理が必要となるが、その経費の問題もあって、奈良屋記念杉本家保存会という公益財団法人となっている。

杉本家に続いて冷泉家についても同様に一年をかけて四Kビデオ撮りを始めている。冷泉家は、基を辿《たど》れば藤原定家に至る長い歴史を持つ家系であって、歌道の故を以って広く知られている。現存する唯一の伝統的な公家屋敷である。冷泉家も杉本家と同様に冷泉家時雨亭文庫の名の下で公益財団法人化している。ここは膨大な文化遺産を有しており、いくつもの蔵に収められている。

十年ほど前に筆者が冷泉家を訪れた際に、重要文化財に指定されている部分は、国の地震に対する対策として、建物の柱の根元を金属のワイヤで地面に固定する方式で固めていることを知った。これは木造の建物の足元を地面に固定するので、建物が受ける地震の影響がかえって大きくなる。この方式はむしろ危険であり、異なる方策を講ずるべきことをその方面の研究者として筆者は理事長にお伝えした。しかしながら、国の指定による重要文化財であり、その条件の一つとして一定の耐震対策が施されているので取りやめるのは困難であるとのことであった。

学問や研究、技術などは日進月歩であって、一つの固定的な観点に止まっているのではない。冷泉家のような建物は昔ながらに、礎石の上に直接柱を据付ける方式の方が、地震の時には柱が礎石からはずれて地面の上を自由に滑る、一種の免震効果を発揮することが知られており、旧来の方式に戻すことが地震対策としては有効であろう。

このように、重要文化財に指定されれば、たとえ災害の専門家の意見があっても指定時の方式を保持しなければならないという縛りがあることも、文化遺産の将来を考えるときの問題点の一つである。

これらの事業とならんで、毎年いくつかのシンポジウムやフォーラムが独立したテーマの下で行われており、成果をあげているが、ここでは割愛する。

六・四　将来に向かって～長期計画

「明日の京都」の発足時に中・長期事業として、以下の五プロジェクトを掲げた。ここに言う中・長期とは完了までに五年、十年、あるいは三十年の年月を要するかもしれないけれども、将来の京都のためには、せめて今すぐに種を播《ま》くことはしておかねばならないと思える事業である。

すなわち、「職人大学校」、「京都の歴史を再現する三次元映像の制作」、「歴史的建造物の復元」、「文化遺産相続税特別区の設定」、「京都盆地の防災水利事業」の五事業である。

まず、「職人大学校」は大工、左官、建具、瓦葺きなどの各種の職人の伝統的な技術に関わる人の数が次第に衰退していて、京都の左官職人を代表する人の言によれば、優れた伝統的な技術を持っている職人は急激に減ってきており、あと五年も経てば最上等の職人はいなくなってしまう、とのことであった。

この流れを止めるには現職の職人の技を高めておかねばならない。このために「明日の京都」では職人大学校の設立を目指してきた。一定レベル以上の技術を持つ職人の再教育である。

こうした例は金沢市にあり、当時の山出市長の下で一九九六年に開設された「金沢職人大学校」である。ここでは左官、大工、畳、建具、板金など多くの技能の科目がある「本科」と「修復専攻科」とがあり、どちらも学費は無料であり、研修者は金沢市民に限ってはいない。修復専攻科では現役の職人のみならず設計士や市役所の技術職員なども在籍している。極めてユニークな技術研修施設である。

広い施設内では研修生達がめいめいに技術の習得に励んでいるのみならず、研修者がコースを終える際に、実際の和風建築物や庭を制作して遺していて、代々の卒業生の成果が重なって広い敷地に大変立派な和風の住居を見ることができる。

「明日の京都」でもこの金沢職人大学校を手本として、京都特有の条件をも考えて、近い将来の設立を目指してきた。

しかしながら、大学校を設立して技術の伝承を行っても、それを実地に活かすのは職人であり、人間なのである。そのためには生活ができなければならない。いかに優れた技術を身につけて将来への継承を図っても、食べる術と一緒でなければならない。金沢の場合には金沢市以外の地域にも文化遺産の保存や修復に関わる仕事があり、それが大学校の研修生の生活を支えている。

しかしながら、京都の場合には寺社の保存や修復に関しては、それらの建造物の持ち主と宮大工や左官、工務店との個別の関わりが古くから出来上がっているため、新しく大学校を設立しても卒業生の入る余地が狭い。従って、京都の場合には、職人大学校の修了者のための仕事の場を整えることから始めなければならないという方向に考えが変わりつつある。

こうした問題を解決する例の一つを相国寺で経験した。あるとき相国寺を訪問した際に、お堂の一つを修復中であったが、工事のために材木を縄で縛って必要な足場を設けていた。最近は小規模な木造の民家でも外回りの足場は金属パイプで組んでいる。それで、相国寺ではパイプではないのですね、とお尋ねしたところ有馬管長から帰ってきた言葉に驚かされた。金属パイプの方が安いのだけど、足場といえども誰かが使わなければ、そのための技術も廃れてしまうから、ここでは意識して古くからの方法を取っているのだ、ということであった。

金閣寺、銀閣寺を末寺とする相国寺は臨済宗の本山であり、その管長がこういう意識を持っておられることに感服した。こうした意識が京都の町にゆきわたらねば職人大学校を作っても我々関係者の自己満足に過ぎないかもしれない、と考えるようになった。

少なくとも街の真ん中の重要な古くからの地域にある伝統的な木造建造物を鉄筋コンクリートの家屋に建て替えの話が聞こえてくれば、持ち主に対して伝統的な木造建築物といえどもコンクリート造に負けないだけの強度のみならず温度や湿度の管理に優れた技術が開発されているから、伝統的な技術を有する職人たちに委ねることを勧める、というような地道な活動をすることへの方向転換が必要であると考えている。

「京都の歴史を再現する三次元映像の制作」は京都を訪れる観光客が目にするのは眼前に広がる景色や事物であり、その時点で時間が凍結された景観である。網膜に映るのはカメラで撮った写真と同じである。カメラには時間は映らないから、写真を通じて京都の千年の歴史を知ることはできない。しかしながら眼前に拡がる景色は五十年、百年、三百年、千年前の人々が創り、造ってきたものが積み重なっており、それを目にしているのである。

こうした京都の過去は歴史の本を読めばイメージは出来上がる。しかしながら、それは人の頭に出来上がるのみであるから、他の人と共有することはできない。銘々が独自のイメージを作り上げることは望ましいことではあるけれど、そのためには歴史に関わる書籍を丁寧に読まねばならない。しかし、それを観光のために京都に来るすべての人々に期待することは難しい。

歴史を勉強するには時間がかかるし、外国からの人々ならば言語の問題もある。

　こうした問題を克服するには、いろいろな時代における京都の三次元のコンピューターモデルを時代考証に基づいて数多く作り、知りたい、観たい時代のモデルをビジュアルに見せられるシステムを作っておけばよい。最大の難関は、例えば平安時代の京都の町をコンピューターの中に構築することであるが、平安京については歴史家の研究の成果としてかなり詳細に調べられているので、そうしたデータがコンピューターで扱えるビジュアルなデータに変換されている。しかしながら、鎌倉時代以降については必ずしも同様なレベルのものは出来ていない。

　このようなシステムが出来上がればコンピューター上のデータとして流布することは簡単にできるから、例えば修学旅行で京都に多くの生徒が集団で来ている場合には、生徒たちに対して巨大なスクリーン上に写せば、京都の歴史を時代ごとの変化を学ぶことが出来る。しかし、スクリーン上への平面的な投影ではカメラで取った写真を紙芝居のように切り替えることでしかない。そこで、これを映画やビデオのような滑らかな映像にすることが目標である。それでも、スクリーン上に移すだけでは、平坦な二次元のスクリーン上に映画を上映するのと同じである。

　このプロジェクトの目標はこうした動的でビジュアルな画像を三次元の映像として見ること

にある。そのためには仮想現実（ＶＲ）の手法を使えば現在でも可能であるが、そのためのゴーグルやメガネを掛けねばならない。それでは装着時に現実の社会に引き戻されてしまうので、あたかも自分が平安時代や室町時代に立っているような仮想現実感は損なわれる。

この事業を中・長期事業としているのは、現在の技術を駆使すれば、例えば巨大な球状のホールの内側の壁に仮想の三次元の昔の京都の町を作り上げ、それが時間とともにゆっくりと移り変わるようなシステムを作り出すことである。そしてボールの中に入って壁を見れば、自分の周囲の京都の町が時代と共に変化することを知るのである。現在のような日進月歩の技術の世界の変わり様を見れば、それほど遠くはない将来に可能になっているであろう。

集積回路に関する技術の進展に関しては、ムーアの法則が広く知られており、実際の技術の進歩をよく表していると言われている。すなわち、コンピューターの処理能力は、二年後には二・五二倍、五年後には一〇・一倍、七年後には二五・四倍、十年後には一〇一・六倍、十五年後には一〇二四・〇倍、二十年後には一〇三二一・三倍である。こうした数字を見れば、このプロジェクトは決して夢物語ではない。最近では量子コンピューターが実用化されつつあり、この流れは一層加速されるに違いない。

このようなプロジェクトは既に手をつけている部分もあって、初歩的な段階ではあるけれども、文化遺産の災害については、それをビジュアルに見せることはすでに出来上がっており、**四・三**に示してある。

「歴史的建造物の復元」については、歴史的建造物の例としての羅城門について次節において詳細に述べる。

「文化遺産相続税特別区の設定」については、京都の伝統的な町家が代替わりした時の相続税が支払えない場合に、敷地ごと売却せざるを得ないことが多々ある。、その敷地が更地になって細長く背の高い、いわゆるペンシルビルになってしまい、伝統的な京町家の景観が失われつつあるという危機感から設定した事業である。これは政治や行政の世界に強く関わることであって、現時点では手がついていないが、手をこまねいていることはできないので、国や自治体とも手を携えて着手しなければならない課題である。そして、最近になって京都市が何らかの方策を進めているようである。

六、 明日の京都と羅城門

「京都盆地の防災水利事業」については、京都は過去に何度も大火に見舞われており、一七八八年の天明の大火では当時の市街の八割が焼亡してしまったと言われている。蛤御門の変の火災、すなわち「どんどん焼け」でも、北は丸太町通，南は七条通，東は寺町，西は東堀川に至る地域が焼け，現在の中京区・下京区のほとんどの地域に及んだ。それ以後は京都の広範囲に及ぶ火災は起きていないから、現在の京都の人々は大火災のことは考えないようにしているとしか思えない。それでも古くからの京都人の中には、一八六四年の蛤御門の変の際の「どんどん焼け」の事を、こないだの大火事という人もいるらしい。

明治初年頃の京都の人口は二十余万人程度であって、京都盆地には中心部にしか人は住んでおらず、現在の百五十万人の約七分の一ほどでしかなかった。

現在は京都盆地の隅から隅まで人家で埋め尽くされているから、市中で火災が発生した場合には、周辺部に多く遺されている文化遺産の寺社にまで延焼が及ぶ。こうした状況を防ぐ一つの施設として、清水寺から八坂神社に至る東山の山麓部の一部には三・三で述べた火災に対する安全度を高めるシステムが国と京都市が協力して出来上がっている。こうした、火災対策システムは東山山麓の一部にしかなく、大火災時における京都盆地の全体を守るには不充分である。

京都盆地全体に及ぶような火災の危険性は誰しもが想像すらしたくないから、大規模火災から京都を守るような防災水利システムについては議論すら進まない。

一方、通常の火災すなわち個々の木造家屋から出火した場合の延焼を防ぐことには京都市も早くから取り組んでおり、小規模火災に対しては着々と安全度が高まっている。通常火災は、出火地点まで何台もの消防自動車が駆けつけて、水道に直結している消火栓や地下の貯水槽からの用水で消火に当たるのが基本である。

しかるに、一九九五年の阪神淡路大震災時のような、大地震に伴う大規模火災の場合には地震により崩壊した建物や火災により、消防自動車の通行すらできない。神戸での地震で経験済みである。強い揺れを伴う地震では上水道は地下の配水管が必ず損傷を受けて、水圧が下がるから消火栓は全く使用できないと考えておかなければならない。また、大規模火災は継続時間が長いから地下の個別の貯水槽の水はすぐに使い果たしてしまう。

想定されるこのような状況を考えれば、京都盆地全域に及ぶような大規模火災では発想を新しくして大量に水を使用できるようなシステムが必要である。幸いにも京都盆地の西方には大堰川、桂川があり、この水を市内にまで引き込むことが出来れば、西高瀬川・紙屋川の地下に口径の大きなパイプで地下河川を設ければ、盆地の西側は安全度を高められる。

六、明日の京都と羅城門

一方、盆地の東側には琵琶湖疏水で九条山まで水が届く。ここは京都盆地の高台であるから、ここから既設の疎水分線や御所水道などの地下パイプを利用したり、口径の大きなものに置き換えることで京都盆地の東側の防火・消火の機能を高めることが可能になる。

また、東本願寺と提携して本願寺水道の活用を図ることも可能であろう。

これらのどの方法も多額の経費と時間を要する大事業であるが、このような事業を早く興しておかないと、京都の近傍で内陸地震が発生した場合には京都が京都でなくなる。

幸いにも、琵琶湖疏水の水は高台である九条山に到着するから、市中との標高差を活用すれば、少なくとも京都市の東半分程度の地域の地震火災に対応できる消防システムの構築は可能である。「明日の京都」の企画調整委員会のプロジェクトとして、このシステムの可能性を探る検討を始めている。国と自治体とが協力すれば、**三・三**に述べた防災水利システムを構築した実績があるから、**三・五**のような構想を実現することで、左京区、中京区、下京区などについての実現性は高い。この際に問題になるのは経費である。


塩野七生によると、ユリウス・シーザーの言葉として「人間ならば誰にでも、現実のすべてが見えるわけではない。多くの人たちは、見たいと欲する現実しか見ていない」が遺されているという。これは裏返せば「見たくないものは見ない」と同義であろう。京都が丸焼けになることなどは誰もが考えたくないから、その危険性に思いを致すことから逃げているのである。

だからと言って、京都のすべての人が同じように考えていてはいけない。

少なくとも国や自治体の責任ある地位にいる人々は、一般人と同じように、避けて通ることのできない問題について逃げることは許されない。シーザーの警句が当てはまるようではいけないのである。そのような人々は後世の人から自分の時代しか見なかったと軽蔑されるであろう。

一般的には、災害に対する予防的な対策には経費を吝《お》しむ傾向があるが、これは無駄に終わるかも知れないという気持ちを抱いているからである。一般人が、ともすれば生命保険が掛け捨てになった事を喜ぶべきところを、損をしたような気持ちになるのと同じであろう。防災対策は社会全体の保険なのである。吝しむべきではない。

六・五　何のために羅城門を復元するのか

京都を訪れる人は今や五千五百万人に達するという。これは京都市であって、京都府下全体では七千八百万人に達している。その数字に京都人やその近郊に居住する人も入っているかどうかは分からないが、多くは京都以外の日本人や外国人であろう。外国人は年間二百五十万人程度のようだし、日本人の人口は一億二千万人だから、五千万人と言われれば日本人のリピーターが多いのだとしか思えない。京都市の統計（二〇一五）では京都市を十回以上訪れるのは観光客の六二％である。初めてというのは、四十歳代ではゼロ％であり、全体でも一・三％でしかない。

京都および近郊は千二百年以上の歴史を有する文化遺産を多く擁する「歴史都市」なのであるが、リピーターも含めて多くの人々は「観光都市・京都」を訪れるのである。では、歴史都市と観光都市とでは何がちがうのか、この違いを京都を訪れる人々の頭に刻み込もうというのが、「明日の京都」の狙いの一つであり、それが羅城門を復元しようとするもっとも大きな理由である。

新幹線からも望める五重塔で知られる東寺は九条通りにあるが、そこから西に約一キロの処に西寺《さいじ》があった。現在「史跡西寺趾」の石碑だけがある。

この東寺と西寺の中間にあって、平安京の北端の紫宸殿から南に伸びる朱雀大路の南端にあったのが平安京の表門であった羅城門である。中国や朝鮮からの使節もここを通過して、幅が八十四メートルの朱雀大路を北に向かったのである。すなわち、羅城門を経ずして平安京には入れなかったのであり、ゆえに羅城門を語らずして京都の歴史は語れない。

羅城門の東西両側の東寺と西寺は平安京の造営とほぼ同じ時期に建立されている。羅城門は平安京の造営の当初に建立されていたようであるが、東寺と西寺は二年遅れの七九六年に造営を始めている。いずれも当初は官寺であり、規模もほぼ同じで東西に二百五十メートル、南北に約五百メートルに及ぶ境内を有する広大な寺院であった。

東寺は八二三年には空海に下賜《かし》されている。平安時代の後期には衰微するが、鎌倉時代以後は弘法大師すなわち空海への帰依が深まるとともに徐々に親しまれるようになった。

その後も、為政者や貴族の帰依を得て栄えたが、一四八六年の大火災でほとんどの塔頭を失い、創建時の建物は遺されていない。ただ、ほぼ百年後の桃山時代になっての再建時には建物の配置や規模は平安時代のものが遺されている。

一方、西寺は羅城門を挟んで東寺と対象な位置に在ったが、九九〇年には焼亡している。しばらくして再建されていたが、一二三三年に塔が焼けてからは再建されることはなかった。現在は小学校と公園、それと前述の石碑だけが旧寺域にある。

西寺は東寺と違って官寺のままであったために、平安末期には朝廷の支援がなくなり、武家の支援や庶民の信仰もなかったため廃絶されたという。一九五九年以後、二十数回にわたって発掘調査が行われて伽藍の配置や規模も明らかになり、建立当時は東寺と遜色なく、寺格としては上位であったとも言われる。

このようにして、東寺と西寺の間に羅城門があったとされてきたが、西寺と違って遺構が全く発見されていないから、羅城門の位置は確定されてはいない。

ところで、羅城門の復元の話をすると、いつも「らしょうもん」ですね、と言われる。なぜならば羅城門は本来の名前であるが、人口に膾炙しているのは「羅生門」であるからであろう。芥川龍之介の小説、黒澤明の映画、宝生流謡曲、などはいずれも「羅生門」である。芥川龍之介の「羅生門」は今昔物語を基にしているが、「今昔物語」では「羅城門」が使われているようである。この作品が収められている短編集の名前は「羅生門」となっている。

芥川龍之介の小説と黒澤明の映画は、どちらもひどく荒廃した羅城門を舞台としてストーリーが展開する。特に芥川の小説は、たとえ悪業であっても生きるためにはエゴイストにならざるを得ないことを主題にしている。その場として用いたのが朽ち果てた羅城門であり、住人は浮浪者であって、楼門の二階には死体が散らばって捨てられている状況を設定している。このような設定が可能なほど建造後二百年を経ずして羅城門は荒れ果てていたのである。換言すれば右京の荒廃の象徴であったのであろう。京都盆地は東北方面が高く、南西に向かって低くなる地勢であるから、所詮は居住には不向きな場所であったからこそ、倒壊しても、そのような住む人も少ないような場所に復元の話は持ち上がらなかったのであろう。

黒澤明の映画でも、羅城門は登場者たちの寝ぐらとして用いられている。日本映画として初めてヴェネツィア国際映画祭金獅子賞とアカデミー賞名誉賞を受賞し、黒澤明や日本映画が世界で認められるようになった記念すべき作品である。ここでも原作は芥川の「藪の中」が下敷きであり、これに同じく芥川の「羅生門」が合体して人間のエゴが主題である。エゴであると同時に人間の言うことやすることには絶対的な真正性は必ずしもなく、立場や置かれた状況で外への表現は変わりうる、と言うことであったと思う。

この映画でも羅城門で浮浪者がさまざまな人間絵巻を展開しているが、ラストシーンには「羅生門」と記した扁額がぶらぶらと傾いて揺れているシーンがある。これまでの知られている羅城門には扁額は無かったとされているから、これは映画においては必要であるとの黒澤の拘りがあったのであろう。ちなみに、実際には扁額が無かった理由は、前述のごとく羅城の無かった都城の門であったからかも知れない。なぜなら、扁額にはその門の名前がついていたであろうが、羅城の門ではなかったから、扁額もなかったのではないだろうか。

撮影に際しては原寸大の「羅生門」のオープンセットを建設している。このセットは幅が約三十三メートル、奥行約二十二メートル、高さ約二十メートルで、柱は周囲が約一・二メートルの巨材十八本を使い、「延暦十七年」と彫られた瓦を四千枚焼いた。さらに門の右側を大きく崩し、荒廃した姿を再現した。

謡曲の羅城門は多少趣が違っている。謡曲では羅生門に巣くっている鬼神と渡辺綱との戦いで、綱が嵐の中で鬼神の腕を切り落とす状況が謡《うたい》になっている。「羅生門」は小説でも映画でも「らしょうもん」と今では呼称されているが、古い時代には「れせいもん」とも呼ばれていたとのことである。謡曲でも羅城門（羅生門）が舞台であって、大江山の鬼退治で知られる渡辺綱が鬼神の腕を羅城門で切り落とすのである。

六・三に記したように、「明日の京都」による羅城門復元模型の屋外展示を記念して二〇一六年にフォーラムを行った。基調講演の後には、観世信光作、室町時代の謡曲「羅生門」が金剛龍謹様（金剛流若宗家）方の半能によって上演された。舞台上に作られたポータブルな羅城門のセットから鬼神が出てくる様は、謡がないという異色の能であることとあいまって得体の知れない不気味さを示していた。

話を元に戻そう。歴史的感覚を持って参拝するには、前もって知識を持つ、すなわち歴史の勉強をしなければならない。我々は三次元の世界にいるが、三次元の京都を見るのは簡単である。しかし、歴史観を持って京都を見るには、世界を形づくる現在の三次元の世界に時間軸を加えて四次元の世界に身を置かねばならない。京都の町には至るところに歴史があるのであるから、いろいろな事物に出会うたびに自分の知っている歴史との関わりで見て欲しいということである。

たとえば五条の大橋での牛若丸と弁慶の出会いの話である。それは鎌倉時代の出来事であって、源頼朝が鎌倉幕府を開いた直後の事であり、当時の五条の橋は現在の一つ北側の橋すなわち現在の松原橋である。当時は現在の松原通りが東西のメインストリートの一つであって、現在も松原通りには往時を偲ばせる遺産や建物が、現在の五条通りとは比較にならないほど多く遺されている。このような歴史の知識と歴史感覚を持つのと持たないのでは観光の深さが全く違うのである。

六、明日の京都と羅城門

京都に観光に来た人々には面倒であろうが、できる限り羅城門から京都の町に入ってくださいと勧める。そして、これから貴方の行く所は何処でしょうか、そこの歴史を思い出してから訪ねてはどうでしょうかと語り、これにより少しでも訪問地の歴史上での位置付けを理解することを通じて訪問の意義を深めてもらう。単独の旅行客にこのような問答をするのは困難かも知れないが、少なくとも修学旅行などの団体には是非ともこのような方策は取れないものかと考えてしまう。

羅城門は七間扉、すなわち七つの扉がついているので、その中央の扉だけは復元のための建設中であっても開けておいて、そこから人が入れるようにしておくのである。

羅城門の入り口の付近では、京都の歴史に詳しいボランティアの人々に京都の歴史を語ってもらう。京都には「京都検定」という、京都に関するありとあらゆる事柄に詳しい人に認定書を出している組織があるが、一級ともなると京都人もしくは京都に詳しい人でなければ読めない地名の読み方を問われるのみならず、それらの文字を書けなければ一級には合格しない。したがって、一級の合格者は京都の生き字引のような人々であり、その人たちが集うのが「都草」なる組織であって、そこに属する人々は現在も京都御所のいくつかの門に陣取って、説明を求める人には無償での説明・解説をしている。そして、後述する京都駅前に設置してある羅城門の復元模型と京都の歴史に関してもボランティアの人々が同様な活動をしており、復元模型に接して設置してある電子掲示板では五か国語で解説している。

「都草」に関わる人々は自分の学んだ、自分の知っている京都を一人でも多くの人に知ってもらいたいとの気持ちを持ち、京都を愛する善意の人々である。従って、羅城門を訪れ、京都を訪ねる人には格好の存在なのである。京都には京都を知りたい人々を助けることを喜びとしている篤志家《とくしか》が待ち受けている。これも語るべきものを多く擁する京都ならではのことではないだろうか。

六、 明日の京都と羅城門

ところで、千年前に倒壊した羅城門を一日も早く再建したいという思いを持っている者にとっては問題にならないことが、専門家の間では議論になることがある。筆者には「羅城門の復元」と書かれても読まれても、格別の違和感はない。しかしながら、建築史を専門とする研究者からは反発を受けることがある。それは「復元」という言葉に対してである。ちなみに、『広辞苑』には「もとにかえすこと。もとの位置・形態にもどすこと。」と記されていて、例として「古代住居を―る」と掲げられており、見出し語は「復元・復原」となっている。羅城門に対しても復元と言っても問題はないと思われる。だが、建築史の専門家にとっては、設計図、写真、など元々あったものの実状を示すものがない限りは元に戻すことは出来ないのであるから、千二百年も前の建造物に対して復元と言うのは無理があるとの見解である。

奈良の平城京の大極殿の場合にも似たような見解が出て、これは「復原」が充てられた。

船舶の分野では「復原」が用いられており、船や舟が傾いても水平な状態に戻ろうとするが、これは舟が復原力を持つからである。

一方、ビルや橋が地震で揺れても元の状態に戻るのは、復元する能力を持つからであり、筆者のように構築物の地震時の安全性を専門としてきた者には、「復元力特性」すなわち作用する力と変形の関係を知ることがすべての出発点なのである。

ＪＲ東京駅は戦災で一九一四年の創建時の姿を失った後、一九四五年から再建が行われ、二〇〇七年からは復原工事が行われて、二〇一二年から現在の駅に変わっている。ここでは復原が用いられているが、この事業には建築の歴史の専門家が関わっているからであろう。現在の東京駅は最初にできた一九一四年当時のものではないから、復元ではなくて復原とされたのであろう。

羅城門の場合には、復原でも復元でもよいのではないだろうか。本書は研究書ではないから、千二百年祭に際して、現在遺されている十分の一の模型を誇りをもって作った職人集団に倣って基本的には「復元」を用いることにする。

六・六　建都千二百年祭での羅城門復元

羅城門復元模型については次節**六・七**で詳述するが、その保存場所からの搬出事業の記者会見は二〇一六年八月五日に行われた。冒頭で実行委員会の会長である千玄室裏千家大宗匠からのご挨拶があった。この日には、京都駅東隣りのビルである、メルパルクの地下室で約二十年間眠っていた復元模型の前で行われた。記者会見は千玄室会長、松浦晃一郎委員長、搬出実行委員会の委員としての山田啓二知事、門川大作市長、渡部隆夫ワタベウェディング会長、「明日の京都」の村井康彦副会長と筆者の七名が行なった。

このときの千会長の御挨拶の中で、建都千二百年祭に際して、当時の千宗室家元（当時）と塚本幸一ワコール社長（当時）らが羅城門の復元を提案したが、復元のための財政的な目処が立たず、断念せざるを得なかった、今日こうして復元計画が立てられ、それを実行するための手立てとして、復元模型の搬出が行われることを、盟友である塚本さんもさぞかし喜んでいるだろうと話された。このスピーチには列席者の誰もが胸を打たれたのであった。そして、搬出計画に取り組んできた者にとっては大きな励ましとなった。

二十年以上も前にこのような計画があったことを筆者は知る由もなかった。建都千二百年祭は一九九四年であるが、その年から各種の記念事業が始まっていた。その翌年の一九九五年には阪神淡路大震災が起きて、筆者はこの時から文化遺産の防災の問題に取り組み始めていて、京都の記念事業には関心がなかった。

一方、京都市は毎年、防災に関わる府下の官公署の代表が参加し、市長が議長を務める防災会議を開いているが、常に最後に筆者がコメントすることが求められてきた。

一九九六年のこの会でのコメントとして言ったことは忘れられない。それは、**六・一**で述べており、建都千二百年祭が官民挙げて賑やかに行われているのが結構なことである、しかしながら、単にお祭り騒ぎだけで終わってはならないのではないか、と言った。

しかし、これは必ずしも事実ではなかった。筆者が前述のような羅城門の復元計画を知らなかったのである。この計画は実現しなかったけれども、そのような考えを持った人たちはいたのである。知っていたら、結果としては暴言と言われても仕方ないことを言わなかったであろう。

知らないままに、「明日の京都」の立ち上げ準備をしていた二〇一〇年頃には既に羅城門の復元の考えを温めていた。先人の計画を知っていたら京都市の防災会議でも違うことを提言したであろうし、「明日の京都」でも先人の計画が潰《つい》えたものを再度持ち出すことはしなかったであろう。事実を知らなかった者の強みというべきであろう。

「明日の京都　文化遺産プラットフォーム」は二〇一一年十月に発足した。その前の二年間ほど準備委員会を設けて、可能性を探る、目的と目標の設定、事業計画などについて検討を進めていた。メンバーは京都の各界、すなわち行政、宗教界、企業、公益法人、大学、任意団体などの文化遺産の問題に関心を持っていると思われそうな二十名余りの人々に声をかけ、一か月に一度集まって議論を重ねていた。プラットフォームが発足後に進めるべき事業を議論していた頃のことであるが、会合の終了を確認してから、「子供みたいな思いつきだと笑わないで下さい」と断っておいて、羅城門の復元のテーマを口にした。

六、　明日の京都と羅城門

このことはＮＰＯを進めていたときから少しずつ考えを温めていた。相当なまとまった経費が必要であろうとの予想はついていたが、それをどのようにして実現するかについては見当もつかなかった。しかし、このテーマを追求することは「明日の京都」を進めるに際しては適切なテーマだと、次第に考えが大きく膨らんでいった。

とは言え、どのくらいの時間と経費が必要かは見当もつきかねていた。このような状況下で羅城門を復元しようじゃありませんか、と言っても物笑いに終わるかもしれない、面白いですねと軽くいなされるかもしれない、子供じみた思つきですねと軽蔑的な眼差しを向けられるのではないかと、いろいろな思いが重なっていたけれど、思わず口にしてしまっていた。

ところが、その場が一瞬静まったあと、「そのアイデアは建都千二百年祭に際して提案されたのですが、箱物であるとの反対もあって、実現しなかったのです。でも同調者も結構いました。」との発言があって、一気に気持ちが軽くなり、具体性のないままに、自分の考えの意義を長々としゃべってしまった。千二百年祭においてそのような提案があったことは知る由もなかったが、それは京都を代表するような人々からの提案であったと聞かされて、いささか勇気づけられた。しばらく談笑が続いていたが、会議の時間はとっくに過ぎており、座長でもあるので当日の会合はお開きにした。翌月の準備会では当初から議論のテーマにしたのはもちろんである。

その後の議論の際に知ったのは、京都駅も建都千二百年にちなんで再建されたが、その際には羅城門をテーマにした建築案も提案されたけれども採用されなかったとのことであった。

羅城門を基本テーマにした提案は日本を代表する著名な建築家の提案であったことも知らされてますます元気が出てきた。羅城門そのものの復元のみならず、羅城門をイメージする建築案があったことを知り、決して自分の思いつきが筋違いではなかったし、誰も見向きもしないのではなく、広く知られた方々も同様な考えを持っていたことを知り、自分の発想もそれほど子供じみたものではないのだな、との自信につながった。

こうした先人の苦労話を知っていたら二の足を踏んで、諦めていたかもしれない。今は亡き父親に幼い頃から「お前はおっちょこちょいだ」と言われていたことを思い出し、千玄室大宗匠ですら諦めざるを得なかった事を、手法は違うといえどもやってみようと思い立ったのは、所詮はおっちょこちょいなのだろうと思う。

こうして振り返ってみると、多くの京都人は、羅城門は現在の京都の礎である平安京の表門であったということを知っており、折につけ議論の表に出てくるのであろう。

そして、このように先人からはもらっておきながら後世の人々に何も残さないのは、市井の表現ではあるが「遣らずぶったくり」ではないでしょうか、と話を締めくくったことも既に述べた。その思いは今だに変わらず、「明日の京都　文化遺産プラットフォーム」の設立の際にも多くの人達に対してこの台詞を多用した。すなわち、百年、二百年後の京都人や日本人から、二〇〇〇年頃の京都は先人からは多くのものをもらっていながら、自分たちには何も遺していないと軽蔑されていいのでしょうか、と付け加えた。社会的地位にある人達は何よりも軽蔑されることが辛いことであるから、現在の状況では後世の人達から軽蔑されるのではないでしょうかと問えば、それは困ると答え、そうならないためにはどうすべきかを考えてくれるのである。

この台詞が効いたのか、京都に関わりの深い人々に接触する際には多用したが、「明日の京都」に対する反応はいずれも前向きの返事が返ってきた。こうした誘いをした場合に、いいことですね、陰ながらお手伝いしましょう、と言われたときは婉曲な断りだと解することにしている。しかしながら、「明日の京都」の場合には、構想に関しての具体的な質問や想定しているメンバーなどについて問われたが、婉曲に断わられたことはなかった。「やらずぶったくり」などと言うのは無礼な言い方だし、そのような決めつけは傲慢という誹《そし》りを受けるとは思うけれど、唯我独尊でないことさえ確かめておけば、自分の信ずることを公の場で述べるのは、すべての発言の責任は自分に帰する大学人の特権であると同時に責務ではないかとさえ考えている。

六・七　羅城門復元模型と棟梁の誇り

平安京の建都千二百年祭は一九九四年から始まって、縁のある各種のプロジェクトが提案され実行されたが、提案の一つが羅城門の復元案であった。しかしながら、このときには、箱物であるとの異論が出て、進展しなかった。そこで、京都の職人、すなわち「京都府建築職人共同組合」の職人さん達が、実物が駄目なら自分たちが精巧な模型を作ろうではないかと呼びかける人がいて、職人の誇りを込め、腕に捻《より》をかけて作り上げたのが現存する十分の一の復元模型である。もちろん報酬を目的とした仕事ではなく、ボランティア活動としてのことであった。

この羅城門模型の制作のためには設計図が必要であるが、それは建築史の福山敏男京都大学教授（当時）が各種の史料に基づいて時代考証を行い、大手の建設会社である大林組が本来の羅城門の設計図面を作り上げた。これに基づいて職人さんたちは、柱や壁などのすべての部分を十分の一の寸法にして、細部といえども省略することなく制作に当たったのである。そして完成したものを京都市に寄付した。その後、この模型は一か月間京都市立美術館で展示された後、京都アスニーに設置された。アスニーには平安京全体の巨大な千分の一模型が現在も展示されている。

このときの職人さん達の心意気を記した文書が遺されている。それは「京都府建築工業共同組合」による「失われた平安京のシンボル羅城門十分の一復元制作にあたって――平安建都千二百年記念事業」と題するものである。わずかに四ページの文書であるが、そこには建都千二百年祭に際して羅城門の復元模型を造ろうと決心した動機が記されている。以下に原文の抜粋を記す。

「私達は堂宮建築をはじめとする、京数寄屋・町家建築などあらゆる伝統建築技能の継承と復活の願いをこめ、誇りをかけて羅城門の復元に着手したのです。私達の羅城門は十分の一に縮小されたサイズですが、堂宮建築本来の構法にもとづいた、いわば縮小された本物として現在製作が進行しています。」

構築に際しての技術的な記述はないが、設計図に則って作られたことは間違いなく、この復元模型本体の載る基壇の正面の幅は八メートル、奥行が二・四メートルであり、重量は二トンである。

羅城門模型は多少の経緯があって一時は郵政省の所管となった。

郵政省はＪＲ京都駅の東隣にメルパルクビルを建築する際に、京都アスニーから同ビルの地下階に移設した。続いて一階以上を建設したが、地下階と一階は折り返しのある階段で結ばれているから、羅城門模型はもはや地下室から出すことはできず、地下階に閉じ込められる結果となった。そして模型の所有者は渡部産業となって二十年程は地下階にあるという数奇な運命が待っていたのである。

模型といっても前述の大きさである。これに左右の両翼と城壁につながる短い壁を加えると、全体が十数メートルに及ぶ。したがって、かなりのスペースを必要とすることから設置可能な場所は限られてくる。また、持ち出すだけではなく、多くの人に見てもらえる場所でなければならない。公的な設置場所としては京都府庁の旧本館、あるいは京都市役所庁舎の玄関は何れも伝統ある建築物である。設置は了解さえ得られれば適地であるが、しょせんは目的を持った人々が用務で行く場所であり、不特定多数の人が行き交う場所ではない。

広くて多くの人が通行しうる要件を満たす場所の候補の一つが京都駅であった。この京都駅北側の広い空間が適地と考えたが、ここはＪＲ西日本の土地であり、了解を得る必要があった。そこで、京都駅の入っている駅ビルの社長、ＪＲ西日本の本社の社長、京都支社長などの責任者を訪ねて設置させて頂けるようお願いをした。そうした機会には羅城門の模型を設置することの意義を丁寧にお伝えした。

この時には「明日の京都」の村井康彦副会長に同行をお願いした。村井先生は主として平安京を専門とする歴史家であるから、羅城門のことになれば筆者とは重みが違った。絶大なる存在感に負うところが大きかった。

その結果、多少の時日を要したが、結果として二か所を候補の場所として提示された。一つは京都駅正面の改札口と京都タワーのあるビルを連ねる通路であり、駅前の広場としては一等地である。第二の候補地はもっと東にあるタクシーの昇降場の駅側付近である。

第一の候補地は場所としては最適の場所であるが、模型を置くべき場所の前にバスプールの通路がある。バスは常に行き交っているから、模型の見物客がバスの通路に入り込むと事故になる可能性が高く、この危険性はＪＲ西日本としても承知はしていたであろうが、借り受ける側の我々はより慎重でなければならず、こうした状況を考慮すれば諦めざるを得なかった。

第二の場所は駅前広場の中心からは外れるが、安全性においてはほぼ問題がなく、また模型を南面して設置できる。本来の羅城門が南面していたであろうから望ましい場所であった。第一の候補地は東面せざるを得ないが、第二の候補地は南面できることもあって、こちらを選択した。

ここは模型が地下階に入っているビルと至近の距離ではあるが、設置予定場所の地下には巨大な地下街が広がっていて各種の店舗がある。模型の重量が大きすぎると、地下街の許容重量を超えてしまう可能性があり、この点についての検討も必要であった。また、模型の夜間の照明のための電力の確保、万一の火災時の消火用水の確保など検討すべき課題が山積していた。

平安京造営時の羅城門の模型ではなく、本来の規模での復元には多額の費用を要するであろう。奈良の平城京の大極殿は建都千三百年事業の一つとして国の支援により建設されたが、これには二百億円を超す費用がかかっている。京都の羅城門は門であって建造物としての奥行きの規模が少し小さいから、百億円は要しないであろうが、この費用は京都人、京都を訪れる内外の観光客などによる善意の、そして少額の寄付金で賄うことを基本として計画が出発している。したがって、完成までには数十年の長時間を要するであろう。

寄付金すなわち募金に際しては、千二百年前に作られた羅城門を復元しようとする事業の意義を理解してもらわねばならない。この復元事業を文字や言葉で訴えても抽象的な議論にとどまり、十分な理解を得るのは困難であろう。そこで、「百聞は一見に如かず」であり、羅城門模型を多くの人々の目にとまる場所に設置して、この模型の十倍の大きさであった千二百年前の羅城門の復元になにがしかの寄付を呼びかけるのが基本構想である。

京都市には年間五千万人余が訪れるから、その一人ひとりに百円の寄付をしてもらえれば、五十億円が集まる。二百円出してもらえれば百億円であるから、ほぼ必要な費用は賄えるのである。

しかしながら、訪問者の全員がたとえ百円であっても寄付してくれるとは到底考えられないから、どうしても大口の寄付もお願いしなければならない。

奈良の大極殿は国費で作られたが、京都の羅城門は自分たちや来訪者の手で作ろう、国にお願いはしない、というのが「明日の京都」の基本的な姿勢である。

したがって、羅城門を公的な組織ではなく、自分たちの手作りでと言うことになると、大変長い期間を要する。費用の集まり具合にもよるが、おそらく数十年を要するであろう。五十年、百年を要するかもしれない。スペインのバルセロナで今も建造中である「サグラダ・ファミリア」の京都版である。

現在このプロジェクトに関わっている人達は自分たちの羅城門が欲しいのではなく、将来の人達が夢を持って育ててもらえるように種を蒔こうとしているのである。そして模型の羅城門は平安京の実大羅城門の完成予想モデルなのである。

復元模型の京都駅前展示は、実大の羅城門

写真４　京都駅北口広場の羅城門復元模型

復元の一里塚である。（写真４）それでも京都駅隣接のビルの地下から搬出して設置するまでに、数千万円の経費を要した。復元模型は前述のように、二十年前に京都の職人さん達が技術の粋と誇りを込めて作り上げたものであるが、約一億円を要したと言われる。搬出に関しては復元模型自体には費用をかけていないが、ビルの地下一階に設置されているから、外に搬出するためには階段を通らなければならず、復元模型を階段を通せるサイズに切断せざるを得なかった。

技術的な問題はすべて専門家ならびに企画調整委員の中の、この方面に詳しい人々が担当した。復元模型を三分割する必要があった。それでも、切断したものを復元した時は分割した跡は全く分からないような優れた技法が使われている。運び出した復元模型の本体、脇の塀、基盤などは業務を引き受けた工務店の京都の大原にある倉庫まで運び、そこで清掃や分割した部分模型を一体化する作業などを行った。

制作後二十年を経過した復元模型ではあるが、ビルの地下に入っていて、直射光も当たらなかったため、復元模型の美しい丹色もほとんど退色もなく、薄くかかっている埃を払う程度ですんだ。ただ、垂木の木口などは茶色であったところが変色していて、再塗装するなどの手当を行った。こうした細かな修復を終えた後、大型トラックで京都駅前まで運び設置した。

この時、地下にあった時と地上に出した時で変更せざるを得なかったのは、地下では基壇の高さは数十センチであったが、駅前に設置した時は屋外に露天設置したこともあって、雨天時の諸問題や復元模型を見にくる人々の視線をも考慮して、地面から約一メートルの設置台を作成して、その上に本体を載せた。

設置台の脇にはデジタルサイネージと称する電子説明版が大日本印刷（株）により提供されている。これは幅七十五センチ、高さ一・五メートル、奥行五十センチほどの合成樹脂製の箱であり、正面にはテレビのようなモニターを組み込んである。ここには五か国語で、平安京の歴史や羅城門について文字と写真を用いて説明してある。このモニターは屋内用のテレビなどとは違って頑丈にできている。設置後は、復元模型の前を通る人たちが説明を見ているが、写真を撮るだけの人の方が多い。

設置に際しては大型の人形ケースのようなものに入れて、風雨から守る案もあったが、ガラスではたくさんの桟を入れないと強度不足になり、桟があると復元模型の全体写真を撮ると桟が写ってしまう。そこで水族館のような合成樹脂製のケースを被せると強度は大丈夫であるが、それだけで数千万円の費用が必要となり、この点で実施困難と判断した。

したがって、露天での雨や風対策が必要になるが、これは適切な技術で対応できた。問題は紫外線による本体の退色であるが、数年に一度程度の再塗装で済むのでこれで対応することにした。

復元模型を設置してある場所はＪＲ西日本の敷地であり、設置する場所はＪＲから無償で借り受けている。しかしながら、駅前に工作物を設置することには京都市の許可が必要であり、京都市の美観風致審議会の審査も必要であったが、これも何度かの交渉の後で認可されており、公的な審査に合格している。

設置されたのは二〇一六年十一月二十一日である。この日には設置場所である京都駅北口広場で、お披露目とでもいうべきテープカットを行った。「明日の京都」が駅前設置のために設けた特別委員会の千玄室会長、松浦浩一郎委員長をはじめとして、京都府知事、京都市長などの委員会のメンバーや寄付者などの関係者が一堂に会して式典を行うとともに、テープカットもした。これにはマスメディアも多く集まってきて、京都のこれまでにはない新しい名所になるであろうとの報道も行われた。

復元模型は夜はライトアップもしており、夜は幻想的な雰囲気を持つ場を提供している。

この復元模型の京都駅前設置に関わった者としては、東京駅の銀の鈴が待ち合わせ場所であるように、この復元模型前が京都の新しい待ち合わせ場所になることを期待している。

あとがき

文化遺産の防災というニッチな分野に挑戦して以来、二十数年のあいだ活動を続けてきたが、なし得たことが何であったかと振り返ると忸怩たる思いが残る。自分自身が理解者や協力者たちとしてきたことについては必ずしも不満足ではない。単に口説の徒ではなく、実社会に具体的な仕組みや事物あるいはシステムをいくつか残すことができた。

また、防災問題の域を出て、今日の文化遺産やその周辺を巡る問題の洗い出しも行い、人々の注意を喚起することもできたように思える。さらには、これまでは文化遺産の問題を理解していても、それは単に毀損することなく将来へと継承することだと考えられていたことを、それだけでは十分では無く、現在の芸術や文化活動の成果を付け加えるという視点が重要であり、過去の文化遺産を振り返る時に必須の視点であることも、少しずつではあるけれど理解されつつある。

緩やかであってもこうした変化が起こりつつあるのは、自分の目の届く範囲でのことが主であって、知らざるところで、知らざる人々により、望ましい事態が進みつつあることに気づくことは極めて稀である。これは、取りも直さず文化遺産の継承の問題がそれ自体で自己増殖するほどの拡がりを持たないことを示唆している。

これまでは、自分の考えを拡げ、協力者を獲得することに腐心して来たように思える。関連する分野がさらに進展するには、いわば倍々ゲームのように自己増殖するようなアプローチが必要な段階に来ているように思っている。

最後に、元来の専門分野である地震災害の研究者として考えてみよう。京都が震度6以上の地震に見舞われたのは、一一八五年の近江・山城・大和の地震から一八三〇年の西山断層地震までの間に六回に及ぶ。平均では約百十年に一回の割合であるが、最後の一八三〇年の地震から現在までは百八十八年が経過しているのである。約百十年に一回起きていた地震が現時点では百九十年近く起きていないのである。自然を相手にする時、このような幸運がいつまでも続くと考えるのは楽天的に過ぎるのではなかろうか。もう残された時間は少ないと考えるべきである。

本書をまとめるに際しては、多くの人々との接触を経て得たものが多い。ここに纏めてお礼を申し上げる次第である。

参考図書

浅野喜市写真集、古都、京都書院、平成4年．
小野芳朗、水系都市京都、思文閣、2015．
河内将芳、信長が見た戦国京都、洋泉社、2010．
塩野七生、すべての道はローマに通ず、ローマ人の物語X、新潮社、2001．
塩野七生、ルネッサンスとは何であったのか、新潮文庫、2001．
司馬遼太郎・ドナルドキーン、日本人と日本文化、中公新書、2010．
司馬遼太郎、アメリカ素描、新潮文庫、
高橋昌明、京都〈千年の都〉の歴史、岩波新書、2014
内藤益一、（続）京都細見、平成24年
中西輝政、国民の文明史、PHP文庫、2015．
東本願寺、両堂再建、1997．
桃崎有一郎、平安京はいらなかった、吉川弘文館、2017．
安丸良夫、神々の明治維新―神仏分離と廃仏毀釈、岩波新書、2017．
吉田光邦（監修）、写真集成 京都百年パノラマ館、淡交社、平成4年．

著者紹介

土岐　憲三（とき　けんぞう）

1938年香川県生まれ。1966年京都大学大学院工学研究科博士課程終了。1966年京都大学工学部助教授。同大学防災研究所助教授、教授、工学部教授を経て、1997年京都大学工学研究科長・工学部長。総長補佐を経て2002年退官。2002年立命館大学理工学部教授、歴史都市防災研究センター長。2005年西日本高速道路（株）監査役。2006年VIP取締役。現在に至る。その間、NPO「災害から文化財を守る会」理事長、「明日の京都」副会長。国・公団・自治体などの委員。

不死鳥のまち京都　―文化遺産と災害―

2018年6月15日　初版発行

著者　土岐　憲三

発行所　株式会社アドスリー
〒164-0003 東京都中野区東中野4-27-37
TEL：03-5925-2840　FAX：03-5925-2913

発売　丸善出版株式会社
〒101-0051 東京都千代田区神田神保町2-17
神田神保町ビル6F
TEL：03-3512-3256　FAX：03-3512-3270

印刷製本　日経印刷株式会社

ISBN978-4-904419-76-2　　C0030

定価はカバーに表示してあります。
万一、落丁・乱丁の場合は小社宛お送りください。
送料は、小社負担でお取替えいたします。